원어민처럼 말하는
올쏘의
일상 영어

한국인의 영어 습관

★ 진짜 영어 말문이 트이는 네이티브의 쉬운 영어 회화 ★

원어민처럼 말하는

올쏘의

일상

한국인의 영어 습관

영어

김지은 지음 · 강혜진 감수

Booksgo

영어, 있는 그대로 받아들여라

나는 언어 쪽으로 스마트한 사람들을 보면 정말 부럽다. 영어는 기본이고 제3, 제4 외국어를 하는 사람들을 보면 '저 사람들은 어떻게 저런 쪽으로 머리가 잘 돌아갈까' 하는 생각을 하곤 한다.

나의 영어 실력을 부러워하는 사람이 많다. 하지만 나는 언어 쪽으로 머리가 잘 돌아가는 사람이 아니다. 부모님의 판단으로 어렸을 때 미국으로 유학을 가지 않았더라면 나의 영어 실력은 매우 낮았을 것이라는 생각을 지금도 자주 한다.

'뭐야, 그럼 유학이 답이라는 거야?'라고 생각하는 사람들이 있겠지만, 유학을 다녀왔기에 영어를 잘하는 것만은 아니라고 말하고 싶다. 나와 비슷한 시기에 미국에서 만났던 한국 친구들 중 몇몇은 지금도 여전히 원어민급의 영어를 하지 못한다. '어린 시절 유학을 가면 당연히 원어민급이 되어야 하는 것이 아닌가'라고 생각하는 사람들도 있는데, 그렇지 않은 것이 현실이다.

그래서 그들과 나의 차이는 무엇인가를 생각해봤다. 앞서 이야기했듯이 나는 언어 쪽으로 스마트한 사람은 아니지만 엄청난 노력파다. 나에게는 함께 유학 생활을 했던 친언니가 있는데, 언니와 나의 공부를 비교하면 언니는 30분이면 충분한 공부를 나는 1시간을 해야 했다. 언니는 한두 번 보면 이해하는 것을 나는 서너 번을 봐야 했다. 나는 더 오래 공부하고, 더 반복해서 공부했으며 더 꾸준히 해야 했다.

지금 와서 하는 말이지만 영어에 대한 노력과 영어에 대한 두려움이 없었다. 10살 때 미국 유학을 갔으니 한국어도 완벽하지 않았고, 그래서인지 한글과 영어가 다르다는 것에 대한 생각이 없었다. 그 덕에 영어를 있는 그대로 받아들였다. 'When in Rome, do as the Romans do.(로마에 가면 로마법을 따르라)'라는 말처럼 영어를 공부하는 데 한글에 빗대거나 비교하지 않고 영어의 룰을 그대로 따랐다.

이 책을 보는 독자들도 그런 마음으로 영어 공부를 했으면 한다. 영어를 영어 그 자체로 생각하며 있는 그대로 받아들이고, 꾸준히, 반복적으로, 많이 보며 영어에 대한 두려움을 없애야 실력이 향상된다.

지금까지 여러 레벨의, 다양한 사람들과 영어 수업을 진행했다. 아이들과 달리 성인들은 '열심히 하는데 영어 실력이 빨리, 또 잘 안 는다'는 말을 자주 한다. 그렇다면 자신의 영어 학습을 되돌아보자.

❶ 영어를 있는 그대로 받아들였는가?
'한글이랑 다른데, 이건 왜 이래, 틀린 거 아니야, 문법이 틀린 거 같은데, 이 표현은 문법을 따르지 않는데'와 같은 생각으로 영어를 대하면 더 어렵고 이해가 되지 않는다. 물론 자신이 이해하기 위해 이런 질문을 하는 것이지만 본인이 알고만 있는 영어의 틀을 깨고 나와야 한다.

❷ 영어를 꾸준히 공부했는가?

각자 '꾸준히'라는 말의 의미가 다를 수 있다. 최소 1년을 '꾸준히'라고 보고 영어 공부를 하자.

❸ 영어를 반복적으로 공부했는가?

새로운 것을 배울 때는 뭐가 되었든 한 번 보고 바로 습득할 수 없다. 두 번, 세 번... 될 때까지 봐야 조금씩 뇌에 저장이 되고 익숙해진다. 반복 연습을 잊지 말자.

❹ 영어를 많이 접했는가?

영어는 최대한 많이 보고 많이 써봐야 실력이 향상된다. 예를 들어 매일 미드를 본다고 해도 20분 보는 것과 1시간을 보는 것은 다르다. 미드를 1시간 동안 보더라도 한국 자막만 뜯어보며 해석하려고 하지 말고 몇 번을 돌려보면서 들리는 영어에 더 집중을 해보자.

❺ 영어를 여러 방식으로 많이 접하고 써보는지 판단하자

영어를 하기 위해 다뤄야 할 영역은 한 가지만 있는 것이 아니다. 스피킹, 리스닝, 리딩, 라이팅이 다 되어야 나의 영어 레벨이 한 단계 올라갈 수 있다. 그래서 더욱 다양하게 영어를 접해야 한다. 예를 들어 스피킹을 위해서는 1 대 1 원어민 회화 수업을 듣거나, 리스닝을 위해서는 팟캐스트를 듣거나 미드, 유튜브 등을 많이 보는 것이 좋다. 리딩을 위해서는 만화를 보거나 책을 읽고, 라이팅을 연습하기 위해 일기를 쓴다거나. 컨텐츠가 넘쳐나는 요즘 네 가지 영역을 공부할 수 있는 방식은 정말 다양하다. 다양한 방식으로 영어를 많이 접하고 써보는지를 판단해보자.

❻ 영어를 틀리는 것이 두려운가?

외국인이랑 얘기하다가 잘못된 영어가 나왔다고 상상해보자. So what? 영어를 못한다고 상대방이 놀릴 것도 아니고 누군가에게 혼날 일도 없다. 두려워하지 말고 마구 영어로 뱉어보자. 무조건 부딪혀보자.

아! 그리고 가장 중요한 한 가지! 영어는 무조건 재미있게 공부하자.
그 누구도 여러분의 공부법을 검사하고 혼낼 사람은 없다. 본인이 재미있다고 느끼는 영어 공부 방법을 찾아서 가벼운 마음으로 영어 공부를 접근해보자. 학교에서처럼 룰이 있는 것이 아니니 본인의 성향, 취향 등을 접목시켜서 나만의 영어 공부 방법으로 공부하면 훨씬 더 효과적으로 영어 공부를 할 수 있을 것이다.

모든 독자들에게 이 책이 조금이라도 더 재미있게 그리고 효과적으로 영어 공부를 하는데 도움이 되었으면 좋겠다.

올디너리쏘피
김지은

프롤로그 영어, 있는 그대로 받아들여라 ... 004

Chapter 01

한국인의 잘못된 영어 습관
콩글리시거나 틀리거나

grand opening ... 014

congratulations ... 016

take medicine ... 018

business card ... 019

gym ... 020

I don't feel well (good) ... 022

the air conditioner, the AC, the air ... 024

Go ○○○! ... 026

laptop ... 027

go window shopping ... 028

It's on the house ... 030

cellphone, mobile phone ... 031

lose/gain weight ... 032

dress shirt ... 034

warranty ... 036

steering wheel ... 037

flat tire ... 038

(electrical) outlet, sockets, plug ... 040

cheating ... 042

mechanical pencil ... 044

Chapter 02
한국인의 잘못된 영어 습관
의미가 다르거나 뉘앙스가 다르거나

autograph vs. signature ... 048

wedding vs. wedding venue ... 050

drunk vs. drunken ... 052

fun vs. funny ... 053

hospital vs. doctor's office ... 054

listen to vs. hear ... 056

almost vs. most ... 058

look at vs. watch ... 060

frankly speaking vs. honestly ... 062

friendly vs. close ... 064

hard vs. hardly ... 066

bored vs. boring ... 068

late vs. lately ... 070

I feel bad vs. I feel sorry ... 072

health vs. healthy ... 074

wear vs. try on ... 076

relative vs. cousin ... 078

follow someone vs. copy someone ... 079

dead vs. die ... 080

sick vs. hurt ... 082

stressed (stressed out) vs. stressful
vs. to stress someone out ... 084

expect vs. look forward to ... 086

promise vs. plans ... 088

wrong vs. wrong about someone something
vs. wrong with something ... 090

breathe vs. breath ... 092

mental vs. mentally strong
vs. mental health vs. mentality ... 094

look vs. look like ... 096

go vs. come ... 098

university vs. college ... 100

Chapter 03

한국 스타일의 영어 습관
한국인만 말하거나 원어민만 말하거나

have breakfast, have a meal ... 104

do the laundry ... 105

do the dishes ... 106

What do you do for fun?
/What do you do in your free time? ... 107

good ... 108

make food ... 109

Are you finished/done? ... 110

love ... 112

I have a dog ... 113

I'm 10 ... 114

What have you been up to lately? ... 116

packed with people ... 118

blow up ... 120

I'm ... 122

the girl in the blue shirt/the girl with the necklace ... 124

be here/be there ... 126

I'm good to go   ... 128

social media   ... 130

I can't make it   ... 131

convenient vs. comfortable   ... 132

no   ... 134

not   ... 136

is not my thing   ... 138

SPECIAL
올쏘의 영어 공부법

영어를 공부하는 이유가 있어야 한다   ... 142

자신의 공부 성향을 파악하자   ... 147

항상 기억하자, 영어는 영어일 뿐 한국어가 아니다   ... 149

다른 방법은 없다, 외워야 하는 건 그냥 무조건 외우자   ... 151

나도 중요하지만 상대방에 대하여도 표현할 줄 알아야 한다   ... 152

단어나 표현을 공부할 때 Always study with context   ... 155

문법 공부만 하다가는 지친다, 무. 조. 건   ... 157

완전 영어 기초가 아니라면 영어 사전을 최대한 멀리하라   ... 163

영어 공부는 마라톤처럼 꾸준히 하는 것이 중요하다   ... 164

발음 공부, 이렇게 해보자   ... 170

영작을 위해 일기부터 써보자   ... 173

영작, 일상적인 문장으로 시작하자   ... 179

스피킹이 중요한 사람들에게   ... 180

LEVEL ① **TIMED 스피킹**   ... 182
LEVEL ② **TIMED 스피킹**   ... 186
LEVEL ③ **TIMED 스피킹**   ... 188

Chapter 01

한국인의 잘못된 영어 습관

콩글리시거나 틀리거나

grand opening

 grand open

길을 걷다보면 우리 주변에는 새로 오픈하는 가게, 식당, 상점 등을 자주 접한다. 얼마 전 오픈한 백화점 광고판에도 '더현대 서울 grand open'이라고 쓰여 있었다. 새로 개업하는 곳을 보면 어김없이 grand open이라고 쓰인 것을 봤다. 하지만 grand open은 사실 한국에서만 사용하고 있는 콩글리시인데 이미 대중적으로 grand open으로 알려져 있기 때문에 틀린지도 모르고 사용할 때가 많다. Grand open에서 open은 동사인데, 사실 우리가 하고 싶은 말은 개점, 개업을 의미하는 명사이기 때문에 올바른 표현은 grand opening이다.

올쏘 꿀팁

grand opening을 grand open이라고 하듯 한국에서 영어로 말할 때 알고 있는 단어를 주로 많이 사용되는 품사 한 가지로만 외우고 있기 때문에 이런 실수를 자주 하게 된다. 주로 동사로 쓰이는 단어를 명사로도 사용하거나 반대로 사용하는 실수를 많이 한다. '선택'을 표현하는 영어 단어도 주로 choice(명사)로 알고 있다 보니 '선택해'라는 말을 하고 싶을 때 명사인 choice를 사용하고, choose(동사)를 생각하지 못한다. 물론 하나의 단어가 여

The department store's grand opening was very successful.

백화점의 개점은 매우 성공적이었다.

My friend had a grand opening for his restaurant yesterday and so many people came.

내 친구는 어제 식당 개업을 했는데 정말 많은 사람들이 왔어.

A When is the grand opening of your store?
B It's going to be next Friday.

A   너의 가게 개업은 언제야?
B   다음 주 금요일에 할 거야.

A I thought the grand opening of your restaurant was next Friday.
B It was. But I changed it to this Friday because we finished getting ready ahead of schedule.

A   나는 네 식당의 개점이 다음 주 금요일인 줄 알았는데.
B   원래 그랬어. 그런데 일정보다 모든 게 일찍 준비되어서 이번 주 금요일로 내가 바꿨어.

러 가지 품사로 사용될 수 있다. 단어 하나를 외우더라도 품사를 잘 생각해야 한다. grand opening은 한국어로 '개점'이라는 명사를 지칭하기 때문에 영어로 open의 명사 버전을 찾아야 한다. open은 동사와 형용사로 주로 사용된다. 명사로도 사용하긴 하지만 명사로 사용할 때는 '아무나 참가할 수 있는 컴피티션이나 챔피언십'을 의미한다. 그래서 '개점'이라는 의미를 표현할 때는 사용할 수 없다.

congratulations

 congratulation

'빰빠밤빠바밤 둥둥둥둥, 컨그뤠츌레이션스~'라는 노래를 들어본 적이 있을 것이다. 영국 가수 클리프 리처드(Cliff Richard)의 노래로 첫 부분만 들어도 대부분의 사람이 안다. 언제, 어디서나 축하하는 자리에서 빼놓지 않고 나오는 노래다. 그런데 이 노래를 잘 들어보면 congratulation이라고 하지 않고 congratulations라고 한다. 실제로 많은 곳에서 축하를 위해 congratulation이라고 하는데, 영어로 '축하합니다'를 표현하고 싶다면 congratulation의 복수인 congratulations로 사용하는 것이 맞다.

올쏘 꿀팁

일상생활에서 '축하해'라고 말할 때는 Congratulations!를 줄여서 Congrats!라고도 많이 사용한다. '축하해주다, 축하하다'를 표현하고 싶을 때는 동사로 (to) congratulate를 사용한다.

Congratulations! I can't believe you are getting married!

축하해! 네가 결혼한다는 게 믿기지 않아!

Congratulations on your promotion! I'm so proud of you!

승진 축하해! 네가 너무 자랑스러워!

Congrats! I heard you passed the test.

축하해! 시험에 합격했다고 들었어.

A   **Congrats! I knew you'd place first in the dance competition!**

B   **Thanks. I was very lucky. All the competitors were really good.**

A   축하해! 난 네가 댄스 대회에서 1등 할 줄 알았어!

B   고마워. 운이 좋았어. 경쟁자들이 다 너무 잘했어.

take medicine

 eat medicine

한국에서는 누군가가 아프면 '약 먹어'라고 한다. 그래서 영어로 말할 때 eat이라는 동사가 먼저 생각날 것이다. 하지만 약을 '먹다'가 아닌 약을 '복용하다'가 올바른 표현인 것처럼 영어로도 eat가 아닌 동사 take를 사용하여 take medicine이라고 해야 한다. 한국에서는 '약 먹어', '약을 복용해' 둘 다 혼용하여 사용해도 무방하지만 영어로 eat medicine은 어떤 상황에서도 틀린 표현이니 꼭 take medicine으로 기억하자.

When did you take your medicine?

언제 약 먹었어?

Is it okay to take medicine after drinking coffee?

커피 마시고 난 후 약 먹어도 괜찮아?

I forgot to take my cold medicine.

감기약 먹는 걸 깜빡했어.

Don't take any medicine if you are feeling okay.

몸 괜찮으면 약 먹지 마.

business card

 name card

이름이 들어가는 카드 형태 때문에 명함을 name card라고 생각한다. 그러나 명함의 올바른 영어는 business card다. Name card는 사용하지 않는 표현이니 머릿속에서 아예 지워버리자. 파티나 이벤트 등에서 이름을 써서 셔츠나 옷에 붙이는 스티커는 name tag, 회사 직원 출입증이나 사원증은 employee ID card (card는 생략 가능), employee badge라고 한다.

She took out her business card from her purse.

그녀는 가방에서 명함을 꺼냈다.

Your business card is so fancy!

너의 명함은 정말 화려하다!

I need to order another box of business card. I don't have any more left.

명함 한 박스 더 주문해야 해. 명함 남은 게 없어.

I don't have a business card yet because I just started working here this week.

제가 이번 주부터 여기에서 일하기 시작해서 아직 명함이 없어요.

gym

 fitness

한국에서는 운동기구가 있는 시설을 휘트니스라고 한다. 그런데 휘트니스는 영어로 fitness 즉 장소를 말하는 것이 아니고 '건강', '신체', '단련'을 의미한다. 헬스장, 한국에서 말하는 휘트니스의 올바른 표현은 health club, fitness club, fitness center이다. 그러나 원어민이 가장 많이 사용하는 단어는 gym이다. 그래서 '운동하러 헬스장에 가자'라고 말할 때 go to the gym이라는 표현을 가장 많이 사용한다. 또 health center는 '운동을 하는 장소'라는 의미보다 대부분 '보건소'를 의미하기 때문에 한국에서 흔히 '헬스장, 헬스 센터'라고 하면 외국인은 다르게 해석할 수 있다. 운동 기구가 있으며 웨이트 트레이닝(weight training) 등의 운동을 하기 위해 가는 장소는 fitness가 아닌 gym이라는 것을 반드시 알아두자.

올쏘 꿀팁

'운동하다'는 영어로 exercise라는 단어가 있지만 원어민은 일상에서 '운동하다'를 work out이라고 표현한다. (to) work out + 동사로 사용할 때는 '운동하다'가 되고, workout이라는 단어 자체는 명사로, '운동 세션'을 의미한다.

I'm going to the gym after work.

퇴근 후 운동하러 갈 거야.

Do you work out at the gym or at home?

넌 휘트니스 센터에서 운동해 아니면 집에서 해?

They went to the gym together.

그들은 같이 운동하러 갔어.

The gym near my house is really big.

우리 집 근처에 있는 휘트니스 센터는 정말 커.

I need to *start working out. I'm **getting so fat these days.

나 운동 시작해야 돼. 요즘 살찌고 있어.

올쏘 꿀팁

* '~하는 것을 시작하다'라는 의미로 start를 사용할 때 뒤에는 ~ing가 나온다.

** '살이 찌다'를 표현할 때 원어민은 gain weight 대신 get fat을 많이 사용한다. fat이라
는 단어를 상대방에게 사용할 때는 기분 나쁠 수 있으니 내 자신에 대하여 말할 때만
쓰거나 무례하지 않다고 생각되는 선에서 상대방에 대하여 말할 때 사용하자.

I don't feel well (good)

❌ My condition is bad

한국에서는 자신의 몸 상태 등을 말할 때 컨디션condition이라는 단어를 쓴다. 그러나 컨디션은 잘못된 표현이다. '컨디션이 안 좋아', '몸이 안 좋아' 등을 얘기할 때는 I don't feel well. (good)을 사용한다. feel 뒤를 수식하는 단어로 부사가 와야 해서 well이 올바른 표현이지만, 한국에서 콩글리시의 잘못된 표현이 올바른 표현으로 자리 잡혀 쓰이는 것처럼 일상 대화에서는 good(형용사)도 많이 사용한다.

올쏘 꿀팁

'나 오늘 컨디션이 별로야', '컨디션이 안 좋아' 라는 말을 할 때는 상황에 따라 '몸이 안 좋거나 기분이 안 좋다'는 것을 말하는 것이다. 만약 '기분이 안 좋다'는 것을 영어로 말하려면 I don't feel well.이 아니라 I'm not in a good mood. 또는 I'm in a bad mood.라고 표현한다.

I'm going to go home early today. I don't feel well.

나 오늘 집에 일찍 갈 거야. 컨디션이 안 좋아.

Can you take me to the doctor's? I don't feel so well.

나 좀 병원에 데리고 갈 수 있어? 몸이 별로 안 좋아.

If you are not feeling well, you should go home and rest.

컨디션이 안 좋으면 집에 가서 쉬어. (집에 가서 쉬는 게 좋겠다)

Tom doesn't feel well so don't bother him.

톰은 지금 몸이 안 좋으니까 (컨디션이 안 좋으니까) 괴롭히지 마.

We all didn't feel so well after eating 감자탕.

감자탕 먹고 난 후 모두 다 몸이 별로였어.

A   You don't look so well. Are you okay?
B   No. I don't feel well. I think I'm getting sick.

A   너, 안 좋아 보여. 괜찮아?
B   아니, 나 몸이 좀 안 좋아. 아프려나 봐.

the air conditioner, the AC, the air

 air con

영어도 종종 줄임말이 쓰이는데, 그중 대표적으로 잘못 사용하고 있는 단어가 에어컨이다. 에어컨을 영어로 쓰면 air con인데, 잘못된 표현이다. 에어컨을 표현할 때는 다음의 세 가지 표현 중 하나를 사용하면 된다. the air conditioner, the AC, the air. 특히 the air conditioner보다 the AC와 the air를 더 많이 사용한다. 여기에 관사인 the가 들어가는 이유는 여러 개의 에어컨 중 하나를 지칭하는 것이 아니라 특정한 에어컨을 지칭하기 때문에 항상 관사인 the가 들어간다. 예를 들어 그 차 안의 에어컨을, 그 집에 있는 에어컨처럼 항상 사용하는 특정 에어컨을 이야기하는 것이기 때문에 the를 빼면 안 된다. 미국에서는 air con이라고 하면 못 알아듣는다.

올쏘 꿀팁

'에어컨을 켜다'는 turn on the air, '에어컨을 끄다'는 turn off the air, '계속 에어컨을 켜 놓은 상태'라면 have the air on이라고 한다.

It's so hot. Can you turn on the air?

너무 덥다. 에어컨 좀 켜줄래?

I had the AC on for ten hours.

에어컨 10시간 동안 켜놓고 있었어.

It's freezing in here. Let's turn off the air.

얼어 죽겠다. 에어컨 끄자.

My head hurts. I think it's because I had the AC on the whole day. I should ventilate the room.

나 머리 아파. 에어컨을 하루 종일 켜놔서 그런 거 같아. 방 환기 좀 시켜야겠다.

You can't live in Korea without *an air conditioner.

한국에서 에어컨 없이 못 살아.

올쏘 꿀팁

* 이 문장에서는 관사 the가 아닌 an을 썼다. 그 이유는 이 문장에서 말하는 에어컨은 어떤 가정이나 장소에 지정되어 있는 특정 에어컨을 말하는 것이 아니기 때문이다.

Go ○○○!

 **Fighting!**

한국에서 누구를 응원할 때 fighting을 자주 사용하지만, 미국에서는 한국과 같은 의미로 사용하지 않는다. 미국에서는 누군가를 응원할 때 Go ○○○(이름)! 이라고 한다. 팀을 응원한다면 Go team! 또는 Go ○○○(팀이름)!이라고 응원을 한다. 내가 좋아하는 야구팀 ABC가 경기 중이라면 Go ABC! 이렇게 응원을 할 수 있다. fighting이라는 단어는 동사 fight에 현재 진행형으로 ing을 붙여 '싸우고 있다' 또는 동명사로 '다투는 것 또는 싸우는 것'이라는 의미로 사용된다. Go ○○○!에 덧붙여 많이 사용하는 표현은 You can do it! '넌 할 수 있어!' 라는 표현이다. 만약 누가 대회에 나갔거나 격려나 응원이 필요한 상황이라면, Go ○○○! You can do it! 이라고 응원해보자.

Go Sam! You can do it! You are the best player in this team.

샘 파이팅! 넌 할 수 있어. 네가 이 팀에서 최고의 선수야.

Go BOOKSGO FC! We can win this soccer match!

북스고 FC 파이팅! 이 축구 경기 이길 수 있어!

laptop

 notebook

로맨스 영화 중 손에 꼽히는 유명한 영화인 〈노트북(The Notebook)〉은 현재 시점의 나이가 든 남자 듀크(Duke)가 그의 노트북, 공책에 쓰인 젊은 커플의 러브 스토리를 읽어주는 걸로 시작한다. 이 영화를 보면 영화에 나오는 노트북이 우리가 알고 있는 노트북이 아니라는 것을 알 수 있다. 우리가 알고 있는 '노트북'인 휴대용 컴퓨터의 올바른 표현은 laptop이다. lap은 앉아있는 사람의 허벅지, 무릎 부분을 의미하는데, 그 부위에 얹힐 수 있는 의미로 휴대용 컴퓨터를 laptop이라고 부른다. 우리가 알고 있는 노트북은 외국에서는 '스프링이 달린 공책'을 의미한다.

I want to get a new laptop. Mine is getting really slow.

노트북 새 거 사고 싶어. 지금 내 것은 느려지고 있어.

Do you have a notebook that I can use? I brought a pen but nothing to write in.

내가 사용할 수 있는 공책 있니? 펜은 가져왔는데 적을 종이를 안 가져왔어.

My new laptop is so fast and light!

내 새 노트북은 엄청 빠르고 가벼워!

go window shopping

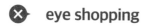 eye shopping

Shopping은 '쇼핑하는 것', '쇼핑하는 행위'를 말하고 go shopping은 '쇼핑을 가는 것', '쇼핑을 하러 가다'를 의미한다. 우리가 흔히 알고 있는 '아이쇼핑'이라는 표현은 대표적인 콩글리시로, 미국에서 eye shopping 이라고 하면 알아듣지 못한다. 일반적으로 우리가 알고 있는 아이쇼핑의 올바른 표현은 window shopping이며, '쇼윈도에 보이는 디스플레이 물건을 구경한다'는 의미다. 미국에서는 eye shopping이라고 하면 절대 못 알아들으니 제대로 된 표현인 window shopping이라고 하자.

올쏘 꿀팁

일반적으로 쇼핑은 어딜 가서 하는 것이기 때문에 go shopping이라고 하지만, 요즘은 인터넷으로도 쇼핑을 많이 하기 때문에 쇼핑 구경을 통칭해서 go window shopping이라고 한다. '구경하다'를 표현할 때 look around를 자주 사용하기도 하지만, 인터넷으로 구경할 때는 look around라는 표현을 사용하지 않는다.

I'm broke so I just went window shopping.

돈 없어서 그냥 아이쇼핑 (구경만) 했어.

I was just going to go window shopping, but I ended up buying lots of things.

원래는 아이쇼핑 (구경만) 하려고 했는데 많이 사게 됐어.

I don't like to go window shopping. It just makes me want to spend money.

나는 아이쇼핑 (구경하는 거) 안 좋아해. 그냥 돈 쓰고 싶게 만들어.

My friend and I used to go to Santa Monica to go window shopping for clothes.

내 친구와 나는 옷을 구경하기 위해 산타모니카에 가곤 했어.

It's on the house

 service

한국에서는 식당이나 가게에서 공짜로 무언가를 줄 때 '서비스'라고 한다. 외국에서 말하는 서비스와는 전혀 다른 의미로, 우리가 말하는 서비스처럼 '공짜로 받는 것'을 표현할 때는 It's on the house.라고 한다. 이 표현은 주로 바(bar)나 레스토랑에서 서비스로 음식이나 음료 등을 줄 때만 사용한다. 미국에서 service라는 단어는 Postal service, the National Health Service와 같은 공공사업을 의미하거나 직업으로 분류되는 '서비스직' 등을 말하는 단어로, 서비스를 제공받거나 제공할 때 사용한다.

This brownie is on the house. Sorry for keeping you waiting for so long.

이 브라우니는 서비스입니다. 너무 오래 기다리게 해서 죄송합니다.

Enjoy these drinks. They are on the house!

이 음료들 맛있게 드세요. 서비스입니다.

You don't have to pay for this. It's on the house.

이거 돈 안 내셔도 됩니다. 서비스예요.

cellphone, mobile phone

 hand phone

하루 대부분의 시간을 휴대폰을 사용하며 보낸다고 해도 과언이 아니다. 그런데 우리가 일상적으로 이야기하는 hand phone은 콩글리시다. '휴대폰'을 영어로 cellphone 또는 mobile phone이며, 짧게 cell 또는 mobile이라고도 한다. 요즘에는 대부분의 가정에 전화기가 없어서 cell 또는 mobile을 생략하고, 그냥 phone이라고 해도 '휴대폰'이라는 의미가 충분히 전달된다.

Can you give me my phone? It's in my bag.

내 휴대폰 좀 줄 수 있어? 내 가방 안에 있어.

I need to get a new phone next month. I want an iPhone.

나 다음 달에 휴대폰 새로 사야 해. 아이폰 사고 싶어.

I lost my cellphone. I think I left it in the restaurant.

나 휴대폰 잃어버렸어. 식당에 두고 온 것 같아.

Don't call me on my house phone. Call me on my cell.

집 전화로 나한테 전화하지 마. 내 휴대폰으로 전화해.

You got a new phone! Can I play with it?

폰 새로 했네! 나 구경해도 돼? (나 한 번 봐도 돼?)

lose/gain weight

 lose/gain my weight

살이 빠지거나 찌거나를 표현할 때 가장 많이 하는 실수가 소유격을 넣는다는 점이다. '나의' 몸무게이니까 소유격 my가 들어가야 한다고 생각하지만 실제 표현에서는 들어가지 않는다. 또한 한국말로 살이 빠지거나, 찌거나를 말할 때 '몸무게'라는 단어를 굳이 넣지 않고 '나 10kg 빠졌어'라고 하는 것처럼 weight라는 단어는 들어가지 않아도 되고, I lost 10kg.처럼 lose + (빠진 몸무게)만 이야기하면 된다.

I want to lose 5kg.　　　나 5kg 빼고 싶어.

She gained 3kg.　　　그녀는 3kg 쪘어.

단, '나 몇 kg 나가'처럼 나의 몸무게를 말할 때는 동사인 (to) weigh를 넣어서 표현하거나 weight라는 단어를 넣어서 표현한다. 이때는 weight 앞에 소유격 my가 들어간다.

I weigh* 50kg.　　　나 50kg 나가.

My weight is 50kg.　　　나의 몸무게는 50kg이야.

> * weigh는 동사로 몸무게 또는 물건의 무게가 '얼마 나간다'를 의미한다.

*OMG! You lost so much weight! What happened?!

헐! 너 살 왜 이렇게 빠졌어? 뭔 일이야?

I gained so much weight over the winter.

겨울 동안 나 살이 너무 쪘어.

I lost 10kg doing yoga.

난 요가 해서 10킬로그램을 뺐어.

I didn't know you can gain so much wight by eating a lot of fruits and vegetables.

과일과 채소를 많이 먹는 것으로도 살이 많이 찔 수 있는지 몰랐어.

dress shirt

 Y-shirt

남자들이 정장 안에 입는 셔츠를 와이셔츠라고 하는데 이 표현은 콩글리시다. 정장 안에 입는 셔츠의 올바른 표현은 dress shirt, button-up shirt, button shirt, button-down shirt 등 여러 가지 표현이 가능하다. 그중에서도 보편적으로 가장 많이 사용하는 것은 dress shirt다. 일상에서는 dress shirt 대신 shirt 앞에 nice와 같은 형용사를 붙여서 nice shirt라고도 한다. 상황에 따라 shirt의 의미를 판단하는데, 소개팅에 입고 갈 옷을 이야기하다가 I'm going to wear a nice shirt.라고 하면 dress shirt의 dress가 들어가지 않더라도 그냥 편한 t-shirt는 아니라는 것을 알 수 있다.

올쏘 꿀팁

남자의 정장이나 양복 안에 입는 셔츠를 dress shirt라고 하고, 여자의 정장 안에 입는 셔츠는 dress shirt보다는 주로 blouse, 더 일상적으로 표현한다면 nice shirt라고 표현한다.

I bought my boyfriend a dress shirt for his birthday.

생일선물로 내 남자친구에게 와이셔츠를 사줬어.

That dress shirt seems a little big on you.

그 와이셔츠는 너에게 좀 커 보인다.

Tom needs to go shopping for some dress shirts.

톰은 와이셔츠 좀 사러 쇼핑 가야 해.

Just wear a nice shirt. You don't have to wear anything fancy.

그냥 깔끔한 셔츠 입어. 차려입지 않아도 돼.

I don't have anything to wear. I'm just going to wear the dress shirt that I wore to Sam's birthday party.

입을 옷이 없어. 그냥 샘의 생일 파티 때 입은 와이셔츠 입을 거야.

Wear the blue blouse that you bought last week.

저번 주에 산 파란색 블라우스 입어.

A   Where is my black blouse?
B   It should be in the washing machine.

A   내 검정색 블라우스 어디 있어?

B   세탁기 안에 있을 거야.

warranty

 A/S (after service)

컴퓨터나 전자기기가 고장나면 A/S를 받으라고 한다. 그러나 미국에서는 사후관리를 after service라고 말하지 않는다. 미국에서 상품의 사후관리를 warranty라고 한다. warranty는 품질 보증서, 즉 특정 기간 동안 품질을 보증하는 증서를 의미한다. 일반적으로 A/S를 받을 수 있는 기간이 지나지 않았다면 (be) under warranty라고 한다. 한국에서 흔히 말하는 2년 동안 A/S를 받을 수 있다면 2-year warranty라고 한다. 평생 A/S를 받을 수 있다면 lifetime warranty라고 한다.

My laptop *is still under warranty. so I can take it to the store.

내 휴대용 컴퓨터(노트북)는 아직 사후관리 서비스를 받을 수 있는 기간이 남아서, 가게에 가져갈 수 있어. (가져가서 서비스 받을 수 있어)

> * be under warranty는 warranty가 적용되어 있다는 의미로, warranty 적용 유무를 나타낼 때 사용하는 표현이다.

I thought I had a lifetime warranty for this but it's only for two years.

난 이거 평생 A/S 받을 수 있는 건지 알았는데 2년 동안만 가능하다네.

I found the warranty slip. I thought I lost it!

품질 보증서 찾았어. 잊어버린 줄 알았어!

steering wheel

 handle

핸들은 두 가지 의미로 사용되는데, 명사인 handle은 흔히 알고 있는 '손잡이'로 사용되고, 동사인 handle은 어떤 일을 처리하거나 다룰 때 사용한다. 한국에서는 자동차 운전대를 가리켜 '핸들'이라고 한다. 손잡이의 개념은 맞지만 전형적인 콩글리시로, 올바른 표현은 steering wheel이다. Steering wheel에서 steering은 to steer로 '조종하거나 특정 방향으로 움직이다'라는 의미를 가지고 있다. Wheel의 발음은 '휠'이라고 하지 않고 '위어'라고 하며 '운전대'를 '스띠어륑 위어'라고 발음한다.

Can you hold onto the steering wheel for a second?

잠깐만 운전대 좀 잡고 있어줄래?

Keep both hands on the steering wheel when you are driving.

운전할 때는 양손으로 운전대를 잡아.

I got a Hello Kitty cover for my steering wheel!

헬로키티 운전대 커버 샀어!

My steering wheel is so stiff.

운전대가 너무 뻑뻑해. (돌리기 힘들어)

flat tire

 punk

직접 운전을 하거나 차에 대한 관심이 있다면 아마 run-flat tire라는 바퀴 종류를 들어 봤을 것이다. Run-flat은 말 그대로 '바람이 빠져도 (flat 이어도) 굴러갈 수 있는 바퀴'를 의미한다. '바람 빠진 바퀴'는 (펑크 난 바퀴는) '바람이 빠져서 납작해졌다'는 의미로 flat tire라고 한다. 자동차 바퀴도 run-flat tire라고 해서 바람이 빠져도 굴러갈 수 있는 바퀴가 있다. 멀지 않은 미래에는 아예 바람 빠질 일이 없는 바퀴가 개발될 것이라고 한다. 한국에서는 자동차 바퀴 바람이 빠지면, 거의 대부분 '타이어 펑크 났어'라고 한다. 하지만 이 표현은 콩글리시다. 원어민은 바퀴에 바람이 빠지거나 구멍이 나면 I have a flat tire. 또는 I got a flat tire.라고 한다. Punk는 영어가 맞긴 한데, 실제 미국에서는 '바람이 빠졌다'는 의미로 사용하는 단어는 아니다. Punk는 바람 빠진 바퀴와는 너무나도 거리가 먼 뜻으로, '불량하거나 보잘것없는 사람'을 가리켜 비하하듯 말할 때 punk라고 부른다.

I think I *have a flat tire. I should pull over.

차바퀴 바람 빠진 거 같아. 차 잠깐 세워봐야겠다.

Replacing a flat tire is expensive.

바람 빠진 바퀴 교체하는 거 비싸.

Sorry I'm late. I got a flat tire on my way to the office.

늦어서 미안해. 사무실 오는 길에 타이어가 펑크 났어.

Do you know that you have a flat tire?

너 바퀴에 바람 빠진 거 알고 있어?

<u>올쏘 꿀팁</u>

* have a flat tire는 '바퀴에 바람이 빠지다', '바퀴에 펑크가 났다'를 의미한다.

(electrical) outlet, sockets, plug

 consent

우리가 흔히 알고 있는 '전기 콘센트'라는 단어에서 '콘센트'는 영어지만, '전기 콘센트' 단어 자체는 콩글리시다. 우리가 알고 있는 '콘센트'를 올바른 영어로 표현하면 electrical outlet 또는 electrical sockets, electrical plug라고 한다. 대부분 전기 콘센트를 이야기할 때 electrical은 생략하여 사용해도 의미는 통한다. 실제 consent는 전혀 다른 의미로, '동의', '허락'을 뜻하며 우리가 알고 있는 것과 전혀 다른 의미다. 만약 미국 여행시 호텔 객실에서 전기 콘센트가 고장 나서 프론트 데스크에 전화를 해야 하는 상황에 The electrical consent is not working.이라고 하면 의미가 전달되지 않는다. The (electrical) outlet is not working.이 올바른 표현이다. 벽에 붙어 있는 전기 콘센트는 wall plug라고도 한다.

올쏘 꿀팁

호텔에서 프론트 데스크를 말할 때는 front desk라고 한다. 한국처럼 프론트(front)라고 부르지 않는다.

There is only one outlet on this wall.

이쪽 벽에는 콘센트가 하나밖에 없어.

We need more electrical outlets in this room.

이 방에는 콘센트가 더 필요해.

There is an electrical outlet under the desk.

책상 아래에 콘센트가 있어.

The electrical outlet in the kitchen doesn't work. Plug in your charger in the outlet in the living room.

부엌에 있는 콘센트는 안 돼. 거실에 있는 콘센트에 충전기 꺼봐.

cheating

 cunning

학교에서 시험을 보거나 방과 후 학원에서 문제를 풀 때 선생님은 늘 '컨닝'하지 말라고 말했다. 남의 시험지나 문제집의 답을 몰래 보는 행위를 일반적으로 '컨닝'이라고 한다. 그런데 컨닝은 대표적인 콩글리시다. 컨닝을 영어로 cunning으로 쓰고 발음도 '커닝'이 맞다. 실제 cunning은 형용사로 쓰이고 '교활하다'라는 의미로 사용한다. 컨닝하는 행위가 교활한 행동이 맞지만 그렇다고 우리가 알고 있는 컨닝을 지칭하는 것은 아니다. '남의 답을 훔쳐보고 쓰는 행위'나 '시험에서의 부정 행위'를 가리켜 cheat라고 한다. 이런 부정 행위 하는 사람을 가리킬 때는 cheater이라고 부른다.

올쏘 꿀팁

cheat는 '부정 행위', '컨닝하다'의 올바른 표현이지만 상황에 따라 다른 의미로도 사용될 수 있다. 문장에 cheat가 어떻게 사용되는지 전체적인 상황을 봐야 하고 때로는 '사기치다' 또는 '바람을 피우다'라는 의미로 사용되기도 한다.

She cheats on her test all the time.

그녀는 항상 시험 볼 때 부정 행위를 해.

Stop looking at my answers! Teacher! She's cheating!

내 답 그만 봐! 선생님! 얘 커닝해요!

Keep your eyes on your own test paper! No cheating allowed!

자신의 시험지만 봐! 부정 행위 (남의 답을 보는 건) 허용 안 돼!

If I catch you cheating one more time, you'll be in big trouble.

한 번만 더 부정 행위(커닝하는 것)가 걸리면 너 큰일 난다.

mechanical pencil

 sharp pencil

학교를 졸업하고 사회생활을 하면서 연필이나 샤프를 거의 사용하지 않는다. 나는 취미로 그림을 그릴 때 종종 연필이나 샤프를 사용하지만 자주 사용하지는 않는다. '샤프'는 영어지만 우리나라에서는 잘못 사용하고 있는 콩글리시다. 샤프는 영어로 sharp이며 물건에서 사용할 때는 '뾰족하다'는 의미로 쓰이고, 사람에 대해 사용할 때는 '예리하다'로 사용된다. 우리가 사용하는 샤프 펜슬의 올바른 표현은 mechanical pencil, 나무로 된 연필은 wooden pencil이다. 샤프나 나무로 만들어진 연필에 상관없이 펜이 아닌 연필을 말하고 싶을 때는 pencil을 사용하고, 조금 더 정확하게 표현하고 싶을 때는 mechanical pencil이나 wooden pencil를 사용하면 된다.

This mechanical pencil writes so smoothly.

이 샤프 정말 매끄럽게 써진다.

My writing is not pretty when I write with a mechanical pencil.

샤프로 글씨를 쓸 때 내 글씨는 예쁘지 않아.

This mechanical pencil costs 10,000 won! It's so expensive.

이 샤프 만 원이야! 엄청 비싸다.

How much was this *pencil? I want to get one too.

이 샤프 얼마였어? 나도 하나 사고 싶다.

올쏘 꿀팁

* 친구와 둘이 있는데 친구의 샤프를 써보고 있는 상황이라고 가정을 해보자. 이 예문에서는 질문을 하는 사람과 샤프의 주인이 같이 있는 상태이며, 샤프를 써보면서 말하는 것이기 때문에 굳이 mechanical라는 단어를 넣지 않고 단순히 pencil이라고만 해도 샤프를 말한다는 것을 알 수 있다.

Chapter 02

한국인의 잘못된 영어 습관

의미가 다르거나
뉘앙스가 다르거나

autograph vs. signature
사인 vs. 서명

프로젝트 계약서를 작성하기 위해 직장 동료와 거래처 회사를 방문하여 미팅을 하고 이제 계약서에 서명만 남기고 있는 상황이라고 가정해 보자. 같이 온 직장 동료가 계약서 2부를 꺼내어 외국인 거래처 담당자에게 건네며 Please give me your autograph here.라고 말한다. 외국인 담당자는 무슨 말인지 이해했기에 아무런 내색을 하지 않고 서명을 한다. 직장 동료는 올바르게 표현을 했을까? 문서에 서명을 할 때는 autograph 대신 signature라고 해서 Please put your signature here.라고 하든지 Please sign here.라고 해야 올바르게 의미 전달을 할 수 있다. 지금 상황에서처럼 비즈니스상 영어로 소통해야 하는 사람이라면 정확한 표현을 알고 있어야 한다. 정확한 표현으로 올바르게 사용하는 것은 소통의 가장 기본이기 때문이다.

올쏘 꿀팁

연예인 등 유명 인사에게 사인을 받고 싶을 때는 autograph, 중요한 문서나 양식에 서명을 해야 할 때는 signature라고 한다.

I went to Gong Yoo's fan meeting and got his autograph!

나 공유 팬 미팅 가서 사인 받았어!

I want to get Mickey's autograph at Disneyland tomorrow.

내일 디즈니랜드에서 미키 마우스의 사인 받고 싶어.

I need Mr. Kim's signature on this contract.

이 계약서에 미스터 김의 서명이 필요합니다.

Your signature was not on the forms. Don't forget to sign them.

양식에 너의 서명이 없었어. 서명하는 거 잊지 마.

올쏘 꿀팁

어떤 문서에 서명을 하라고 할 때 Put your signature here. (여기에 서명하세요) 또는 Sign here.라고 말할 수 있다. 한국에서는 '사인(sign)'을 '서명'이라는 의미의 명사처럼 사용하지만 실제 sign은 동사다. sign이 명사로 사용될 때 해석되는 의미는 '신호'다. Give me a sign. (나에게 신호를 줘)처럼 사용한다.

wedding vs. wedding venue

결혼식 vs. 결혼식을 올릴 수 있는 장소

캘리포니아의 5월은 야외 결혼식을 올리기에 아주 좋다. 그러나 코로나가 한창이던 지난 5월 사촌 동생의 결혼 계획은 1년이나 미뤄졌다. 결국 올 가을에 스몰 웨딩으로 계획하며 새로운 wedding venue를 찾고 있다. 한국에서 결혼식은 wedding, 예식장은 wedding hall로 표현한다. 하지만 미국에서는 결혼식을 올릴 수 있는 장소를 표현할 때 wedding hall이라는 단어보다 wedding venue라는 표현을 더 자주 한다. 모든 사람이 예식장에서만 결혼식을 올리는 것이 아니기 때문이다. 외국에서는 미술관, 바닷가, 가든 등 여러 장소에서 다양한 결혼식을 올린다. 그래서 오로지 결혼식을 올리기 위한 장소인 wedding hall보다는 결혼식을 올릴 수 있는 모든 장소를 통틀어 wedding venue라고 한다.

올쏘 꿀팁

결혼식, 파티, 이벤트 등 특정 종류의 이벤트가 개최되는 장소(바, 클럽, 호텔, 레스토랑, 컨퍼런스 센터, 갤러리, 스타디움 등)를 venue라고 한다.

I went to my cousin's wedding yesterday.

나는 어제 사촌 결혼식에 다녀왔어.

I went to a colleague's wedding in Hawaii and it was really fancy!

하와이에서 내 동료의 결혼식을 참석했는데 정말 화려했어!

The wedding venue that I found is too expensive so I need to find another one.

내가 찾은 결혼식장은 너무 비싸서 다른 곳을 찾아봐야 해.

Most of the wedding venues in Gangnam are booked.

강남에 있는 대부분의 결혼식장은 예약이 되어 있어.

My cousin got married here, too.

내 사촌도 여기에서 결혼했어.

올쏘 꿀팁

'결혼식에 가다'는 go to a wedding이라고 하고 '결혼식에 참석하다'는 attend a wedding 이라고 한다.

· marriage : 결혼
· get married : 결혼하다
· get married to ○○ : ○○와 결혼하다

drunk vs. drunken

술에 취하다, 취한 상태 vs. 술 취한 사람, 상황

한국에서는 '나 취했어'를 영어로 표현할 때 drunken이라고 하는데 잘 못 사용된 표현이다. Drunk나 drunken이나 '술에 취한 상태, 술을 많이 마신 상태'를 의미하여 둘 다 형용사로 사용되지만 '술에 취하다'를 표현할 때는 drunk를 사용한다. Drunk는 주로 '누가 취했다'는 의미로 be 동사 + drunk 형태로 쓰인다. Drunken은 주로 '술에 취한 사람, 무엇, 상황'이라는 의미로 drunken + 명사 형태로 쓰인다.

I was very drunk last night.

나 어젯밤 엄청 취했었어.

Sarah is drunk. I need to take her home.

사라는 지금 술에 취했어. 내가 집에 데려다 줘야 해.

My drunken(drunk) boyfriend is sleeping on the sofa.

내 술 취한 남자친구는 소파에서 자고 있어.

올쏘 꿀팁

일상 대화에서는 '술'을 표현할 때 drunken의 의미로 drunk도 많이 사용한다. 만약 drunken이 활용하기 어렵다면 같은 의미로 drunk를 사용해도 무관하다.

fun vs. funny
재미있는, 즐거운 vs. 웃긴

우리가 웃음을 짓는 포인트는 여러 가지다. 그중에 재미있어서 웃음이 나오거나 즐거운 것을 fun이라고 하고, 코미디나 개그처럼 웃겨서 웃음이 나오는 것은 funny라고 한다. 예를 들어서 친구와의 여행이 너무 즐거웠거나 재미있었다면 fun trip으로 표현한다. 근데 친구와의 여행 중 웃기고 빵 터진 때가 많았다면 그 여행에 funny moments가 많았다고 표현할 수 있다. 가끔 웃기고 재미있어서 fun을 사용해도 무방하지만 확실히 의미를 알고 사용하는 것이 정확한 의사 표현이 가능하다.

The movie was so funny. I was laughing the whole time.

영화 너무 웃겼어. 난 영화 내내 웃었어.

I love doing jigsaw puzzles. It's so fun.

난 직소 퍼즐 하는 거 정말 좋아. 너무 재밌어.

Your friend is so funny. She is like a comedian.

너의 친구 너무 웃겨. 코미디언 같아.

There is nothing fun to do these days.

요즘엔 재미있게 (즐겁게) 할 수 있는 것이 아무것도 없어.

hospital vs. doctor's office

대학병원, 큰 병원 vs. 동네병원

미국에서 hospital은 주로 수술, 입원, 응급실이 있는 큰 병원, 대학병원 등을 말한다. 우리가 흔히 알고 있는 동네병원들은 doctor's office라고 한다. 이비인후과, 정형외과처럼 진료과에 따라 구분하기도 하지만, 큰 병원인 hospital을 가는 것이 아닌 이상 좀 더 포괄적으로 '병원에 간다'고 할 때는 go to the doctor's office라고 한다. 같은 의미로 go see the doctor, go to the doctor라고 하며 office를 생략하고 표현하기도 한다.

올쏘 꿀팁

병원 예약이 있을 때는 have a doctor's appointment라고 한다. 또한 병원 예약을 해야 할 때는 동사 make를 사용하여 make a doctor's appointment라고 한다.

I went to the doctor's office yesterday.

어제 병원에 갔다 왔어.

I need to make an appointment if I want to go see the doctor.

병원에 가고 싶으면 예약을 해야 해.

Mr. Kim has a heart disease so he goes to the university hospital regularly.

미스터 김은 심장병이 있으셔서 주기적으로 대학병원에 다니십니다.

If you are sick, go to the doctor's.

아프면 병원에 가.

listen to vs. hear

(의도적으로) 듣는다 vs. 들리다

영화 〈드림걸즈(Dreamgirls)〉에서 비욘세가 부르는 솔로곡 중 〈Listen〉이라는 곡이 있다. 이 곡의 제목은 말 그대로, '나에게 귀 기울여 달라', '내얘기를 들어 달라'는 의미다. 무엇에 집중하여 의도적으로 듣는 것을 영어로 표현하고 싶을 때는 listen과 hear 중 listen을 사용한다. 그래서 '너지금 내 말 듣고 있니?'라는 말을 할 때는 Are you hearing me?가 아니고 Are you listening to me?가 올바른 표현이다. 반면 지나가다가 자연스럽게 들리는 통화 내용, 원치 않지만 나에게 쏟아지는 말, 바람 부는 소리 등 의도하지는 않았지만 내 귀에 들리는 소리는 hear을 사용한다. 예를 들어 전화 통화를 하는데 상대방에게 내 목소리가 들리는지 안 들리는지 물어볼 때는 Can you hear me?라고 한다. Can you listen to me?는 '내 말을 들어줄 수 있겠니?', '나에게 집중해줄 수 있니?'라는 의미로, 전혀 다른 의미가 되니 꼭 두 단어의 차이를 기억하자. 특히 한국에서 listen이라는 단어를 잘못 사용하고 있는데 listen 뒤에 to를 안 붙이고 사용한다는 점이다. 한국 사람들 10명 중 7명이 잘못 사용하는데, listen 뒤에 to를 안 붙이고 hear 뒤에 to를 붙이는 실수를 한다.

Listen to someone

Hear someone

I listen to quiet music before going to bed.

자기 전에 나는 조용한 음악을 들어.

Listen! I think there is a puppy in that room!

들어봐! 저 방에 강아지가 있는 거 같아!

Do you hear that squeaking noise?

저 끽끽거리는 소리 들리니?

When I was walking in the hallway, I heard people talking in the restroom.

복도를 걸어가는 중에 화장실에서 사람들이 얘기하는 게 들렸어.

Why do you never listen to me?

너는 왜 항상 내 말 안 들어?

I usually listen to the podcast on my way to work.

출근할 때 팟캐스트를 듣기 시작했어.

almost vs. most

거의 vs. 대부분, 대부분의

Almost와 most는 쉬운 표현이지만 문장에서 사용할 때는 헷갈린다. 한국에서는 주로 '대부분의 사람들은 아이스크림을 좋아한다'는 표현을 영어로 Almost people like ice cream.이라고 한다. 하지만 이 문장에서 almost는 most로 사용해야 올바른 표현이다. Almost는 부사로 주로 쓰여 명사를 꾸며줄 수 없다. Most 역시 부사로 쓰이기도 하지만, '대부분의 + 명사'라는 표현을 하고 싶을 때는 most는 형용사로 쓰이며 뒤의 명사를 꾸며준다. 구분하기 어렵다면 한국말로 '거의'라는 말을 쓸 때는 almost, '대부분'이라는 말을 쓸 때는 most를 사용한다고 생각하면 된다. 한국말로 '거의 다 했어'의 '거의'는 부사이고, '대부분의 음식은 내가 만들었어'의 '대부분의'는 '음식'을 꾸며주는 형용사다.

Most people are nice.

대부분의 사람들은 친절하다.

I was almost late.

나 거의 늦을 뻔했어.

We are almost done drinking coffee.

커피 거의 다 마셨어.

Sam ate most of the food here, not me.

샘이 여기에 있는 음식의 대부분을 먹었어, 내가 아니고.

Everyone is almost here.

모두가 거의 왔어. (도착했어)

look at vs. watch
보다

Look at과 watch를 사용할 때 가장 쉽게 외울 수 있는 포인트는 두 가지다. Watch를 사용할 때는 첫 번째, '일정 시간, 기간 동안 무엇을 보는 것'을 의미한다. 두 번째, 내가 눈으로 '보는' 무엇에 움직임이 크게 있느냐 없느냐이다. 애니메이션 〈몬스터 주식회사(Monster's Inc.)〉에서 로즈가 초록색 몬스터인 와조스키(Wazowski)에게 I'm watching you Wazowski. Always watching.이라고 말한다. 와조스키의 행동, 무엇을 하고 다니는지를 항상 어느 기간 동안을 두고 보겠다는 것이다. 이처럼 watch를 사용할 때는 보는 '무엇'에 움직임, 흐름이 있다. 동영상, 영화, 콘서트, TV, 스포츠 경기 등은 다 움직임이 있다. 반면 움직이지 않는 것들, 벽에 걸려 있는 그림, 문서 물건, 맛있어 보이는 팬케이크, 앉아서 대화하는 사람을 볼 때는 look at이라는 표현을 사용한다.

올쏘 꿀팁

'보다'의 대표적 동사인 see, look, watch의 차이점

· see : 내 눈에 보이거나 내 눈에 띄어서 보이는 것
· look : 의도적으로 어떤 방향 또는 무엇을 보는 것
· watch : 어느 한 시점 동안 또는 한동안 무엇을 보거나 지켜보는 것

I like watching the Harry Potter movie series.

난 해리포터 영화 시리즈 보는 거 좋아해.

Look at this. I got a speeding ticket!

이거 봐. 속도위반 딱지 받았어!

Are you going to watch the soccer game tomorrow?

너 내일 축구 경기 볼 거야?

Look at that baby. She is so adorable.

저 아기 좀 봐. 너무 귀엽다.

I like looking at my childhood pictures but I don't like watching my childhood videos.

나는 어릴 적 사진을 보는 건 좋아하는데 어릴 적 동영상을 보는 건 싫어.

Do you see that yellow stain on the wall?

벽의 노란색 얼룩 보여?

frankly speaking vs. honestly
있는 그대로 말할게 vs. 솔직히 말해서

Frankly speaking은 더 직설적으로 솔직하게 말할 때나 대부분 부정적인 상황에서 사용을 한다. Honestly는 frankly speaking보다 덜 엄격한 상황에서 부정과 긍정의 모든 상황에서 사용할 수 있다. 둘 다 '솔직하게 말하면'이라는 의미로, 둘 중 어떤 표현을 사용해도 의미에 큰 차이는 없지만, 조금 더 직설적이고 강하게 말할 때나 부정적인 얘기를 할 때 원어민은 frankly speaking을 주로 사용하는 경향이 있다. Honestly를 '솔직히 말해서'라고 사용할 때는 honestly speaking이라고도 하지만 speaking을 생략하고, honestly로도 많이 사용한다. Honestly는 부사로 '진심으로'라는 의미로 사용하기도 한다.

올쏘 꿀팁

Honestly를 사용할 때 honestly는 부사로 사용되는데 어떤 상황에 쓰이냐에 따라 뉘앙스가 달라진다. 어떻게 쓰이냐에 따라 ❶ 솔직히 말해서 ❷ 진심으로, 솔직히라는 의미가 된다. ❶의 의미로 사용하고 싶을 때는 honestly가 문장에 가장 앞 또는 뒤에 나오고 ❷의 의미로 사용할 때는 honestly가 동사 앞으로 나온다.

Frankly speaking, I don't like the way she treats you.

솔직히 말하면 나는 그녀가 너를 대하는 태도가 싫어.

Frankly speaking, I'm not sure if we should proceed with this contract.

솔직하게 말해서 이 계약을 계속 진행해야 하는지 잘 모르겠어요.

Honestly, I like Suzan more than Sarah.

솔직히 말하면 난 사라보다 수잔이 더 좋아.

Honestly, I thought the movie was so boring.

솔직히 말하면, 영화가 너무 재미없다고 (지루하다고) 생각했어.

I honestly thought she liked you.

난 그녀가 너를 좋아한다고 진심으로 생각했어.

friendly vs. close

친절한, 다정한, 상냥한 vs. 친한, 가까운 (사이)

Friend가 친구라는 의미라서 많은 사람이 친한 친구를 friendly라고 잘 못 사용할 때가 있다. 하지만 friendly는 '친절한 사람이나 온순한 동물' 등을 표현할 때 사용하고 eco-friendly, environmental-friendly와 같이 '친화적인'이라는 의미로도 사용한다. '친한 사이'나 '누구와 친하다'를 영어로 표현할 때는 close(형용사)를 사용한다. 우리가 알고 있는 close는 동사로, '문을 닫다'라는 의미로만 대부분 알고 있지만, 형용사인 close 는 '친한'을 의미한다.

올쏘 꿀팁

'친한, 가까운'의 의미로 close를 사용할 때는 발음에 유의한다. 동사로 사용되는 close는 '클로즈'라고 말하지만, 형용사인 close는 '클로쓰'로 말하며 발음이 좀 더 빠르다.

Veronica and I are very close.

베로니카와 나는 정말 친해.

I didn't know Sam and you were close friends.

샘과 네가 친한 친구인지 몰랐어.

Don't worry. These farm animals are very friendly.

걱정 마. 이 농장 동물들은 온순해.

During our trip to Japan, we met many friendly people.

일본 여행 동안 우리는 친절한 사람들을 많이 만났어.

Just because I am friendly to everyone, it doesn't mean that I'm close with all of them.

내가 모두에게 상냥하게 대한다고 해서 모두와 친하다는 의미는 아니야.

hard vs. hardly

열심히 vs. 거의 안 하다, 거의 아니다

Hard는 형용사로 많이 사용하지만 부사로도 자주 사용한다. Hard처럼 같은 단어가 형용사도 되고 부사도 되기 때문에 쉽게 헷갈린다. 보통 부사로 쓰이는 단어는 단어 끝에 ~ly가 많이 들어가므로 '열심히'를 영어로 떠올릴 때 hard는 형용사, hardly는 부사로 생각한다. 하지만 두 단어 모두 부사로 쓰일 수 있고, 전혀 다른 의미를 갖고 있다. 우리가 생각하는 '열심히 무엇을 한다'를 표현할 때는 hard를 사용한다. 그러나 hardly는 부정적인 의미로 '거의 안 한다, 거의 아니다'를 뜻한다.

올쏘 꿀팁

hardly를 사용할 때는 부정적인 의미로 쓰이기 때문에 이중 부정(double negative)을 사용할 수 없다. Hardly no one came.이 아닌 Hardly anyone came. (거의 아무도 오지 않았어)을 사용하는 것이 올바른 표현이다. Hardly가 부정이기 때문에 no를 사용하면 문법적으로 잘못된 표현이다.

She always works hard.

그녀는 항상 열심히 일해요.

You've been working hard lately.

최근 들어 (요즘 들어) 너 일 열심히 한다.

**If you study hard for your TOEIC exam, you will get a high
score.**

네가 만약 토익 공부를 열심히 한다면, 높은 점수를 받을 거야.

I hardly have breakfast in the morning.

난 거의 아침에 식사를 하지 않아.

At first, hardly anyone talked.

처음에는 거의 아무도 얘기하지 않았어.

She hardly attends any party events.

그녀는 거의 어떤 파티 이벤트도 참석하지 않아.

bored vs. boring

지루한, 심심한 vs. 재미없는, 지루한

'난 심심하다', '그 영화는 재미없었다'처럼 지루함이나 재미없음을 표현할 때 자주 사용하는 단어들은 bored와 boring이다. 두 단어를 혼돈해서 사용할 때가 많은데, 둘 다 형용사로 사용되어 상황이나 상태를 꾸며주는 단어로 사용할 때는 be + 동사가 대부분 동반한다. Bored는 주로 살아있는 생명체, 사람이나 동물 등이 느끼는 감정 상태로 지루함을 느끼거나 심심하다는 상태를 표현할 때 사용한다. 그래서 The movie is bored.로 사용할 수는 없다. 영화는 감정을 느낄 수 있는 살아있는 생명체가 아니기 때문이다. 반면 boring은 생명체와 무생명체 둘 다에 사용할 수 있다. 재미없는, 지루한 무엇을 표현하는 형용사로, 영화가 재미없다면 The movie is boring.이라고 한다. 또한 사람에게도 사용할 수 있어서 재미없는 사람을 표현할 때 He is a boring man. 또는 He is boring. 이라고 한다.

올쏘 꿀팁

누군가 나를 지루하게 만든다면 동사 (to) bore를 사용해서 표현할 수 있다. 나의 지루한 이야기로 상대방을 지루하게 만들고 있는 중이라면 I'm boring you with my stories.라고 표현할 수 있다. 여기에서 boring을 쓴 이유는 현재 진행형이므로 be + (동사) ing를 썼기 때문이다. 형용사인 boring과 착각하지 말자.

Did you watch the movie? I thought it was boring.

너 그 영화 봤어? 난 그 영화 좀 재미없다고 생각했어.

Should we do something fun? I'm so bored.

우리 뭐 재미있는 거 할까? 나 너무 심심해.

Don't watch boring TV shows. It's going to make you more bored.

재미없는 TV쇼 보지 마. 너를 더 심심하게 (지루하게) 만들 거야.

This party is so boring. All the guest are bored.

이 파티 너무 지루하다. 손님들 다 지루해 하고 있어.

What a waste of money. The movie was so boring.

웬 돈 낭비야. 그 영화 너무 재미없었어.

Your puppy seems bored.

너의 강아지 심심한 것 같아.

I was so bored when Sam was talking about his childhood stories.

샘이 자기 유년시절 이야기할 때 난 너무 지루했어.

late vs. lately

늦은, 늦다 vs. 요즘 들어, 최근 들어

Late와 lately는 비슷해 보이지만 완전히 다른 의미를 가지고 있다. Late는 형용사와 부사로 사용되며, '늦은, 늦게'라는 의미다. 단 주의할 점은 late가 수식해주는 것이 명사(무엇)인지 동사(행동)인지에 따라 어떤 품사로 사용되는 건지 알 수 있다. 반면 lately는 부사로만 사용하며 lately는 '늦은'과 전혀 다른 의미로 '최근에'라는 의미를 가지고 있다. 문장의 가장 앞 또는 뒤에 모두 들어갈 수 있다. 간혹 '늦게까지'라고 표현을 하고 싶어 ~ly를 넣어 부사로 만들었다고 생각하지만 잘못된 표현이다. '늦게까지'라고 표현을 하고 싶을 때는 until late가 올바른 표현이다.

올쏘 꿀팁

Late는 '늦은, 늦게'라는 의미로 주로 사용되지만, 최근에 죽은 사람을 뜻할 때도 사용한다. 한국어에는 없지만 My late uncle을 상대방이 듣고 '아, 저 사람이 최근에 고인이 되었구나'라고 알 수 있다. late를 사람 앞에 꾸며지는 형용사로 사용할 때는 '늦은'과 전혀 다른 의미로 쓰인다는 점도 기억하자.

She was 10 minutes late to the meeting.
(She was late 10 minutes.)

그녀는 회의에 10분 늦었어.

You've been working hard lately.

요즘 들어 너 일 열심히 한다.

Lately, I've been feeling lonely.

최근 들어 난 외로웠어.

I woke up late this morning.

오늘 아침에 늦게 일어났어.

I was at the office until late yesterday.

어제 사무실에 늦게까지 있었어.

I feel bad vs. I feel sorry

공감하다, 안타깝게 생각하다 vs. 동정하다, 불쌍하게 생각하다

I feel bad (for someone)은 누구의 상황이 안타까워 공감을 느낄 때 사용하고, I feel sorry (for someone)은 어떤 이가 불쌍하여 동정을 할 때 사용한다. 가장 큰 차이는 '공감(empathy)'과 '동정, 연민(sympathy)'의 차이라고 할 수 있다. 어떤 상황이냐에 따라 두 표현을 같은 의미로 교체해서 사용할 수도 있지만, I feel sorry를 사용할 때는 상대방이 기분 나쁠 수 있기에 상황에 따라 확실히 구분하여 사용하는 것이 좋다.

예시 ❶

어떤 여자 아이가 시험을 다시 봐야 하는 상황이라고 가정해보자. '시험을 다시 봐야 하는 여자 애 너무 불쌍하다' 또는 '시험을 다시 봐야 하는 여자 애 너무 안타깝다'라고 하든 간에 이 상황에서 전달하고자 하는 의미는 '동정'이나 '연민'이 아닌 '안타까움'이다. 그래서 feel sorry나 feel bad든 듣는 입장에서 기분 나쁠 이유가 없다.

I feel sorry for the girl who has to take the exam again.

I feel bad for the girl who has to take the exam again.

예시 ❷

직장을 구한 친구 A와 직장을 구하지 못한 친구 B가 식사 후 계산을 하려고 한다. 이때 B가 지갑을 꺼내려고 하자 A가 본인이 일을 하니까 돈을 내겠다고 한다. (이런 상황에서는 이런 이야기를 하지 않는 것이 가장 좋지만) 만약

A가 덧붙여서 I feel sorry라고 하면 B는 매우 기분이 나쁠 것이다. I feel bad라고 해도 B의 기분이 썩 좋지는 않겠지만, I feel bad라고 했을 때는 A가 동정의 마음보다는 안타까운 마음에 그런 말을 했다고 생각할 수 있다.

Instead of feeling sorry for me, you should take care of yourself.

나 불쌍하다고 생각하는 대신 너나 잘해.

She feels bad for those people who got hurt.

그녀는 다친 사람들 너무 불쌍하다(안타깝다)고 느껴.

I feel so bad for her because I know she worked so hard to get that job.

나는 그녀가 그 직업을 얻기 위해 엄청 열심히 한 걸 아니까 너무 안타까워.

Don't fee sorry for me. I'm doing fine.

나 동정하지 마. (불쌍하다고 생각하지 마) 난 잘하고 있으니까.

health vs. healthy

건강 vs. 건강한(형용사)

운동하는 곳을 의미하는 곳으로 한국에서는 헬스health를 사용하는데 잘못된 표현이다. 앞에서 이야기했듯이 운동센터는 gym 또는 fitness center라고 하는 것이 맞다. 대신 '건강하다'와 '건강'을 의미할 때는 heatlh와 healthy를 사용하는데, 품사 자체가 다르기 때문에 동일하게 사용할 수 없다. Health는 명사로 '건강, 건강상태'를 의미하고 healthy 는 형용사로 '건강한, 건강에 좋은'이라는 의미를 가진다. 발음도 주의 해야 하는데, health는 '헤어쁘(th)' 그리고 healthy는 y가 있으므로 '이' 발음이 나야 하기 때문에 '헤어띠(th)'라고 한다.

올쏘 꿀팁

healthily라는 부사가 있지만 대부분 healthy를 부사로도 사용한다.

You need to eat healthy (food).

너 건강하게 (건강한 음식) 먹어야 해.

She became healthy after exercising.

그녀는 운동하고 건강해졌어.

You need to take care of your health.

네가 너의 건강을 챙겨야 해.

My health is not as good as it used to be.

내 건강이 예전 건강처럼 좋지 않아.

I want to improve my health by working out.

난 운동을 통해서 건강을 향상시키고 싶어.

I think the best way to stay healthy is to work out regularly and have balanced meals.

내가 생각했을 때 건강함을 유지하기 위한 (계속 건강하기 위해서) 최선은 주기적으로 운동하고 균형 있는 식사를 하는 거야.

wear vs. try on

옷을 입다 vs. 걸쳐보다, 입어보다

해외여행 중에 옷가게에서 쇼핑하다 피팅을 위해 직원에게 Can I wear this?라고 물어본 적이 있을 것이다. 옷이 잘 어울리는지, 잘 맞는지 '입어보다'는 wear이 아니고 try on이라고 표현한다. Try on은 오로지 옷이 잘 맞는지 안 맞는지 '입어보다'라고 할 때만 사용하고, wear은 옷을 입고 있거나 입을 때 사용한다. 예를 들어 언니가 사준 옷을 입어 볼 때 try on, 매장에서 고른 옷을 입어 볼 때도 try on, 선물로 받은 옷이 잘 맞는지 입어 보는 것도 try on이다. 반면 옷을 입고 어디를 가거나 내일 뭐 입고 갈 것이라고 말할 때, 친구에게 '너는 항상 같은 옷을 입는다'고 말할 때는 wear라고 한다.

올쏘 꿀팁

격식 없는 표현으로 wear 대신 원어민은 put on도 많이 사용한다. 예를 들어 동생에게 '야, 이 코트 입어'라는 말을 한다면 Hey, wear this coat.라고 할 수 있지만 Hey, put this coat on.이라고 더 자주 표현한다.

You wore this dress to the party?
(Did you wear this to the party?)

파티에 이 드레스(원피스)를 입고 간 거야?

Can you wear something other than black?

검정색이 아닌 것을 입을 수 있어? (입을 수 없니?)

You should wear shorts. It's really hot outside.

반바지 입는 게 좋을 거야. 밖에 엄청 더워.

Can I try this on?

이거 입어 봐도 되나요?

I want to try on a bigger size.

좀 더 큰 사이즈로 입어보고 싶어요.

Try this on. I think it will look good on you.

이거 입어봐. 너한테 잘 어울릴 것 같아.

relative vs. cousin

친척 vs. 사촌

Relative는 '모든 친척들'을 의미하고, 친척들 중에서 '사촌'을 의미할 때는 cousin이라고 한다. 대부분 친척은 여러 명이므로 relatives처럼 복수로 사용된다.

I have many relatives but none of them are in Korea.

나는 친척이 많지만 아무도 한국에 살지 않아.

She is my favorite cousin. We are very close.

그 애가 내가 제일 좋아하는 사촌이야. 우린 매우 친해.

Do you have many relatives?

넌 친척이 많아?

My cousins are all boys.

내 사촌들은 다 남자야.

올쏘 꿀팁

- 한국에서는 남자나 여자나 둘 다 조카라고 하는데, 실제 영어로는 여자 조카인 경우 niece, 남자 조카인 경우 nephew라고 한다.
- 한국의 '친가'와 '외가'가 있는 것처럼 미국에서 친가를 표현할 때는 on my dad's side라고 하고 외가는 on my mom's side라고 한다. 하지만 대부분 Aunt Claire 또는 Uncle Brad처럼 이름으로 부르기 때문에 어느 쪽의 친척이라고 설명해야 하는 자리가 아니라면 굳이 구분하지 않는다.

follow someone vs. copy someone
누구를 따라가다, 따라오다 vs. 누구를 똑같이 따라 하다

누구를 뒤따라갈 때 '따라가다'로 표현하고, 누구의 행동을 똑같이 할 때는 '따라 하다'로 표현한다. '따라가다 또는 따라 하다'를 영어로 떠올리면 아마 follow라는 단어가 생각이 날 것이다. 누구를 따라가거나 따라올 때는 follow라는 동사가 맞지만, 어떤 행동이나 행위를 똑같이 따라 할 때는 copy라고 한다. 그래서 어떤 사람의 행동을 똑같이 따라 하는 사람을 copycat이라고 한다.

Stop following me! I'm going to the restroom.
나 그만 따라와! 나 화장실 가는 거야.

Follow her. She will let you know where the restroom is.
저분을 따라가세요. 화장실이 어디 있는지 알려줄 거예요.

Sally likes to copy her older sister.
샐리는 자기의 언니를 따라 하는 것을 좋아해.

My friend keeps copying everything I do.
내 친구는 내가 하는 모든 것을 계속 따라 해.

dead vs. die

죽다, 사망하다 vs. 죽은, 죽어 있는, 돌아가신 상태

장난을 치면서 '넌 죽었어!'라고 말할 때가 있다. 한국에서는 대부분 You die!라고 하지만 실제는 You are dead!가 올바른 표현이다. '넌 죽었다', '너 이제 큰일났다'라는 의미의 일상 표현으로 You're dead meat.라고도 한다. Dead와 die의 가장 큰 차이점은 dead는 형용사이고 die는 동사라는 점이다. 그래서 장난을 치다가 '너는 죽었어!'라고 할 때 진짜 의미는 '너 나한테 죽었어!' 즉 I'm going to kill you!가 맞는 표현이다. 또 '넌 이제 죽었다 (너의 상태는 죽게 되는 상태이다)'는 You are dead.라고 하는 것이 맞는 표현이다. 여기서 왜 die가 아니냐면 '죽인다'는 to kill이고 죽임을 당하는 입장에서 '죽다'는 to die이다. 다시 말해 '죽다, 사망하다'를 말할 때는 동사인 die를 사용하고, 이미 '죽어있는, 돌아가신' 상태를 말할 때는 be 동사 + dead를 사용한다. 그리고 '돌아가시다'라는 우리말의 높임말과 같은 표현은 pass away라는 동사를 사용한다. Dead와 die의 차이점을 기억하고 바르게 사용하자.

화분에 꽃이 죽어가고 있다면 어떻게 표현할까?
This flower is dying. (die라는 동사를 현재 진행형으로)
이 화분이 꽃이 죽었다면?
This flower is dead.

My friend's grandmother passed away a year ago.

내 친구의 할머니는 1년 전에 돌아가셨다.

I stepped on the bug. It's dead.

내가 벌레를 밟았어. 벌레가 죽었어.

If you don't water your plant, it will die.

너의 식물에 물을 주지 않으면 식물이 죽을 거야.

You ate my favorite chocolate! You are so dead!

네가 내가 제일 좋아하는 초콜릿 먹었어! 너는 죽었어!

If mom finds out that you broke her favorite cup, you are
dead meat!

네가 엄마가 가장 좋아하는 컵을 깬 걸 알게 되면 넌 큰일이야! (넌 죽었어!)

sick vs. hurt

be 동사 + sick : 아픈 상태 vs.
몸 or 신체 부위 + hurt : ~가 아프다

'아프다'를 영어로 표현할 때 가장 먼저 떠오르는 단어는 sick이다. 그래서 한국에서 많이 하는 실수 중에서 팔이 아파도 My arm is sick, 감기가 걸려서 몸이 아파도 I'm sick, sick으로만 아프다는 것을 말한다. 어떤 병이나 증상으로 인해 내가 아프거나 아픈 상황일 때는 sick을 형용사로 사용한다. 하지만 몸이나 특정 신체 부위가 아플 때는 hurt를 동사로 사용한다. hurt를 사용할 때 주어가 사람이 아닌 신체 부위가 들어가서 문장이 어색하다고 느낄 수도 있겠지만 한국어로도 배가 아프다는 표현을 할 때, '배 아파'라고 하지, '나 아파'라고 말하지 않는 것과 같은 표현이라고 생각하면 된다.

올쏘 꿀팁

hurt 동사 앞에 주어로 사람이나 동물이 나올 때는 'hurt'가 '아프다'는 의미가 아니고 '다치다'라는 의미로 바뀐다.

I hurt my left arm   나는 왼쪽 팔을 다쳤어.

My stomach hurts because I ate too much.

너무 많이 먹어서 배 아파.

I was sick yesterday.

나 어제 아팠어.

My body hurts. I think I exercised too much.

몸이 아파. 운동을 너무 많이 했나 봐.

My puppy is sick so I have to stay home.

내 강아지 아파서 나 집에 있어야 해.

You hurt my feelings.

넌 나에게 상처를 줬어. (심적으로)

<u>**올쏘 꿀팁**</u>

sick으로 아프다고 말할 때 : 사람, 동물 + be 동사 + sick
hurt로 어느 부위가 아프다고 말할 때 : 몸, 특정 신체 부위 + hurt

stressed (stressed out) vs. stressful vs. to stress someone out

스트레스 받다 vs. 스트레스를 주는 vs. 스트레스 주다

실제로 스트레스 없이는 살 수 없다. (지금의 상황도 스트레스인가?) Stress는 어떻게 표현하느냐에 따라 의미가 다양해지기 때문에 관련 이야기를 할 때 단어의 품사, 형태 등을 잘 알아두어야 한다. 한국에서 가장 많이 하는 실수는 '나 스트레스 받아'를 I'm stressful.이라고 표현하는데 이건 완전히 틀린 문장이다. 나의 스트레스 상태를 말할 때는 be stressed(형용사)를 사용해야 한다. I'm stressed. 스트레스를 받게 하는 어떤 것이나 어떤 행동, 행위를 설명할 때는 be stressful(형용사)를 사용한다. 예를 들어 '시험 준비는 나에게 스트레스야'라는 표현한다면 Test preparation is stressful for me.라고 한다. 또는 '시험 준비는 나에게 스트레스를 준다'라고 표현하여 Test preparation stresses me out.이라고 한다. 이처럼 stressful은 대부분 스트레스를 주는 원인을 지칭하고 무엇 또는 누가 나에게 스트레스를 준다면, 동사로 쓰이는 stress out을 사용한다.

올쏘 꿀팁

극심한 스트레스를 받고 있는 사람은 be under so much stress라고도 표현한다.
I'm under so much stress.　　나 엄청 스트레스 받고 있어. (받고 있는 상태야)

I'm so stressed because I have a test tomorrow.

나 내일 시험이 있어서 스트레스 받아. (스트레스 받은 상태를 표현)

Studying for the test is so stressful.

시험 공부하는 것은 스트레스야. (스트레스를 받게 만드는 원인을 표현)

Can you stop talking to me? You are stressing me out.

너 나한테 말 좀 그만 할래? 네가 나에게 스트레스를 주고 있어.

High school students in Korea get so stressed over the college entrance exam.

한국 고등학생들은 수능으로 매우 스트레스를 받는다.

My boss stresses me out like crazy. I'm going to quit.

상사가 나에게 미친 듯이 스트레스를 줘. 나 그만둘 거야.

expect vs. look forward to

예상하다, 무엇을 바라다, 기다리거나 요구하다
vs. 기대하다, 긍정적으로 기다리다

'이번 주 주말이 기대된다'는 영어로 look forward to라고 표현한다. Look forward to는 기대감을 주는 좋은 일, 긍정적인 상황에서 사용한다. '주말이 기대된다'는 말은 주말을 기다리는 즐거운 마음이기 때문에 look forward to를 사용하지만, exepct는 상황에 따라 의미를 해석해야 한다. '바라다', '무엇을 요구하다', '기다리다'를 의미하며, 면접관의 전화를 기다릴 때, 회사에서 실수로 상사의 분노를 예상할 때, 부하직원이 실수를 하지 않길 바라거나 요구할 때 expect를 사용한다. Expect를 이해하기 위해서는 당시의 상황과 상대방이 말하는 톤과 뉘앙스를 전체적으로 들어봐야 한다.

올쏘 꿀팁

Be expecting a baby는 아이가 태어나는 것을 의미하며, 주로 ~ing를 넣은 형태로 조만간 또는 어느 시점에 아기가 태어난다는 것을 표현을 할 때 사용한다. 임신한 사람에게 이 표현을 사용할 때 a baby는 생략하고 사용하는데 아기 이야기라는 것을 충분히 알 수 있기 때문이다.

Sarah is expecting this week to be very productive because Sam is back from his business trip.

샘이 출장에서 돌아왔기 때문에 사라는 이번 주가 생산적일 거라고 예상하고 있어.

I'm looking forward to spending time with my cousin tomorrow.

내일 나의 사촌과 시간 보내는 걸 기대하고 있어.

I expected you to be better than this.

난 네가 이것보다 더 잘하길 바랐어.

I always look forward to my trip abroad.

난 항상 나의 해외여행을 기대해.

My expectations of you are very high so I expect you to do very well.

나는 너에 대한 기대감이 매우 높아. 그래서 네가 잘해주길 바라.

promise vs. plans

약속 vs. 일정

'친구와 약속이 있다'를 영어로 I have a promise with my friend.라고 하는데 잘못된 표현이다. 영어에서 promise는 계획되어 있는 일정이 아닌 '약속' 또는 '약속하다'는 의미로만 사용하기 때문이다. 방과 후 친구와 함께할 계획이 있거나 퇴근 후 친구를 만날 계획이 있는 등의 약속이 있을 때는 have plans를 사용한다. 여기서 주의할 점은 계획이 한 가지든 여러 가지든 간에 plans라고 한다는 점이다.

올쏘 꿀팁

- 나는 이미 일정이 있는데, 상대방이 같이 저녁을 먹자고 하거나 놀자고 할 때 '다른 일정이 있다'라고 이야기하는데, 이때 different가 아니고 other plans라고 한다.
- '어른들이 논다'를 영어로 표현할 때는 play 대신 have plans라고 한다.

You promised to take me to Disneyland!

네가 디즈니랜드 데려간다고 약속했잖아!

We promised each other never to fight.

우리는 절대 싸우지 않기로 서로 약속했어.

I can't have dinner with you tonight. I already have other plans.

오늘밤에는 함께 저녁식사를 못 해. 난 이미 다른 일정이 있어.

I think Sam already has plans to go out.

샘은 이미 놀 (나가서 놀) 계획이 있는 거 같아.

Don't make plans for tonight. We promised Sam that we'll go over to his place for dinner.

오늘밤 다른 약속 잡지 마. 샘네 가서 밥 먹는다고 샘이랑 약속했어.

wrong vs. wrong about someone
something vs. wrong with something

틀리다, 잘못되다 vs. ~에 대해 잘못 알고 있다, 잘못 판단하다
vs. 작동이 안 되거나 문제가 있다

Wrong이라는 단어의 의미를 대부분 '틀리다'로 알고 있다. 예를 들어 '네가 틀렸어' 또는 '이 답은 틀렸어'라고 할 때 wrong만 사용하면 된다. 만약 어떤 것 또는 사람에 대한 생각이나 의견이 틀렸다거나 잘못 알고 있다고 말을 할 때는 wrong about~ 이라고 한다. 하지만 wrong에 with를 붙이면 완전히 다른 의미가 된다. Wrong with~는 '~에 이상이 있다', '문제가 있다'는 의미다. 컴퓨터에 이상이 있어서 작동이 안 될 때, 내비게이션을 보면서 운전을 하는데 이상한 길을 알려줄 때, 친구가 이상하게 행동을 할 때 wrong with~라는 표현을 사용한다. Wrong, wrong about과 wrong with의 차이를 알면 올바르게 사용할 수 있다.

This is wrong. It's B not C.

이거 틀렸어. B야, C가 아니고.

You are wrong. She likes me more than you.

네가 틀렸어. 그 애는 너보다 나를 더 좋아해.

You are wrong about her. She is a really nice person if you get to know her.

넌 그 여자에 대해서 잘못 알고 있어. 알고 보면 그녀는 정말 좋은 사람이야.

I was wrong about you. Sorry for judging you without getting to know you first.

내가 너에 대해 잘못 생각한 것 같아. 너를 알기 전부터 널 판단해서 미안해.

Can you fix this? There is something wrong with the remote.

이거 고칠 수 있어? 리모컨 이상해.

What is wrong with you? Why are you acting so weird today?

너 오늘 왜 그래? (뭐가 문제야?) 오늘 왜 이렇게 이상하게 굴어?

breathe vs. breath
숨 쉬다 (동사) vs. 숨 (명사)

자주 헷갈리는 대표적인 단어다. '숨을 쉬다'와 '숨'은 e가 뒤에 붙었냐 안 붙었냐에 따라 의미 차이가 있다. e가 붙은 breathe는 동사로 '숨 쉬다, 호흡하다'는 의미를 가진다. e가 없는 breath는 명사로 '숨'을 의미한다. e로 인해 품사도 달라지고 의미도 차이를 나타내며 발음도 달라진다. 동사인 breathe는 '브뤼드'라고 발음하고 명사인 breath는 '브뤠뜨'라고 한다. '뤼'와 '뤠' 그리고 '드'와 '뜨'에 차이가 있다.

올쏘 꿀팁

우리가 흔히 말하는 '입냄새'도 breath라고 한다. 만약 '입냄새가 난다'고 말하고 싶다면 You have bad breath. (나쁜 입냄새를 가지고 있다) 또는 Your breath smells/stinks. (너의 숨 냄새나)이라고 한다.

Can we take a break? I'm running out of breath.

우리 조금 쉬어도 될까요? 숨이 너무 차요.

Wearing a mask is giving me bad breath.

마스크 쓰는 게 입냄새를 나게 해.

Can we walk slowly? I can't breathe.

우리 좀 천천히 걸을 수 있을까? 나 숨을 못 쉬겠어.

Focus on breathing when you are doing yoga.

요가 할 때는 숨쉬기(호흡)에 집중해야 해.

I can't hold my breath for long.

나는 숨 오래 못 참아.

올쏘 꿀팁

요가, 근력 운동을 할 때 숨을 '들이마신다(들숨)', '내쉰다(날숨)'에 해당하는 단어는 다음과 같다.

- 들숨 : inhalation (인헤어레이션)/들이마시다 : breathe in 또는 inhale (인헤이어)
- 날숨 : exhalation (엑스헤어레이션)/내쉰다 : breathe out 또는 exhale (엑스헤이어)

mental vs. mentally strong vs. mental health vs. mentality

정신적 vs. 정신적으로 강한 vs. 정신 상태, 정신 건강 vs. 정신력

정신력이 강한 사람에게 '멘탈이 강하다'라고 말한다. 여기에 사용된 mental이 올바른 표현일까? 한국에서 워낙 자리 잡은 표현이라 우리에게는 어색한 점이 없겠지만, 외국인에게 Her mental is strong.(그녀의 멘탈은 강하다)이라고 이야기하면 무슨 말인지 알아듣지 못한다. Mental이 형용사라는 품사만 생각해봐도 쉽게 현재 사용법이 틀렸다는 것을 알 수 있다. 우리가 일반적으로 이야기하는 '멘탈이 강하다'는 정신력을 말하는 것으로 mental의 실제 의미도 '정신적', '정신의'라는 의미의 형용사다. 그래서 '멘탈이 강하다'의 올바른 표현은 She is mentally strong.이 올바른 표현이다.

올쏘 꿀팁

- Mentality는 사고방식을 의미한다. 그래서 '정신력'의 영어 표현은 mental strength라고 하고, 정신 건강은 mental health라고 한다.
- 미국에서 사용하지는 않지만 영국식 표현 중 You are mental. (너 미쳤어)라는 표현도 있다.

I didn't know Sally was so mentally strong. I underestimated her.

나는 샐리가 정신적으로 이렇게 강한지 몰랐어. 내가 과소평가했어.

You need to take care of your mental health as well by taking breaks.

휴식을 취하면서 너의 정신 건강도 챙겨야 해.

I realized that I was mentally weak while traveling in China.

나는 중국을 여행하는 동안 내가 정신적으로 약하다는 것을 깨달았어.

I need to mentally train myself not to be hurt by hurtful comments online.

온라인 악플로 상처 받지 않도록 내 자신을 정신적으로 훈련시켜야 해.

look vs. look like
~ 하는 것처럼 보여

'~인 것처럼 보인다' 또는 '~해 보인다'로 영어 문장으로 만들 때, look 을 써야 할 때 look like를 쓰거나 반대로 사용하는 실수를 자주 한다. 가장 큰 차이점은 '~인 것처럼', '~처럼 보인다', '~같아 보인다'고 할 때 look like~로 쓰고, '~해 보인다'고 할 때는 look~을 쓴다. 구분을 하기 위해서는 look like와 look 뒤에 무엇이 나오냐에 따라 차이가 있다. Look 을 사용할 때는 뒤에 형용사가 나오고, look like~를 사용할 때는 뒤에 명사나 명사절 또는 주어, 동사 구조로 이루어진다.

> look + 형용사
> look like + 명사 또는 주어 + 동사

어떤 사람 또는 무엇에 대해 형용사로 꾸며주고 싶을 때는 look + 형용사를 사용하면 된다.

You look tired. 너 피곤해 보인다.

어떤 사람 또는 무엇이 어떻게 될 것 같다 또는 어떠하다고 말할 때는 look like + 명사 또는 주어 + 동사를 사용하면 된다.

She looks like she is going to cry. 그녀는 울 것처럼 보여.

She looks like a teacher. 그녀는 선생님처럼 보여.

She looks like a bear in that costume.

저 코스튬 입으니까 곰 같아. (곰처럼 보여)

He looks like he is going to fall asleep.

그는 잠들 것처럼 보여.

It looks like it will take a long time.

시간이 오래 걸릴 것처럼 보여.

My legs look skinny in these pants.

이 바지 입으니까 다리가 얇아 보여.

You look very pretty today.

너 오늘 정말 예뻐 보인다.

They look upset because the food is not coming out.

음식이 안 나와서 저들이 화나 보여.

go vs. come

거기 가 vs. 여기 와

Go와 come은 어려울 게 없는 단어지만 뉘앙스 차이로 헷갈릴 때가 있다. 이 두 단어로 만드는 가장 흔한 실수는 말하고 있는 당사자가 지금 어디에 있느냐에 따라 go와 come이 잘못 사용된다는 것이다. 예를 들어 '나는 매일 요가 스튜디오에 간다'를 표현할 때 내가 지금 요가 스튜디오에 있다면 I come to yoga every day.라고 한다. 내가 지금 집에 있다면 I go to yoga every day.로 사용한다. 말하는 사람의 위치에 따라 같은 의미라도 표현이 달라지는 것이다.

올쏘 꿀팁

go나 come 뒤에 나오는 home, there, here 앞에는 전치사가 필요 없다. 그러니 here나 there이 의미하는 장소가 어느 건물 안의 방이나 화장실처럼 더 안으로 들어가야 하는 장소라면 in을 붙여야 할 때도 있다.

I'm in the second room. Come in here.

I come to this Starbucks all the time.

난 이 스타벅스에 항상 와.

I come here with my mom three times a week.

나는 엄마와 여기 일주일에 세 번 와.

You should come here from now on. Don't go there.

너도 이제부터 여기로 와. (여기로 오지 그래) 거기 가지 마.

I sometimes go to the gym after work.

난 퇴근 후 가끔 짐에 가.

I want to go there with my dog.

내 강아지랑 거기 가고 싶어.

They go there every Monday.

그들은 매주 월요일 거기 가.

university vs. college
대학 vs. 대학교

한국에서는 대학을 표현할 때 대부분 university라고 하며, college를 university보다 낮은, 아래 개념으로 생각하기도 한다. 일반적으로 전문대학을 가리켜 college로 생각하지만, 미국식 영어에서 '나 대학교 때' 또는 '대학시절에~' 등을 얘기할 때는 back in college, in college, when I was in college처럼 college를 사용한다. 만약 전문대학을 말하고 싶다면, 미국에서는 주로 community college 또는 junior college라고 하고 2년 동안 대학교를 다녔다면 2-year college라고 말한다. University와 college의 의미 차이는 있지만, 일반적인 대학을 표현할 때는 university와 college를 구분하지 않는다.

올쏘 꿀팁

University는 좀 더 큰 규모의 대학교라고 해서 학사, 석사, 박사 과정을 다 할 수 있는 시설이고 college는 더 작은 개념의 전문 대학교 또는 지역 대학을 의미한다.

Back in college, I used to have short hair.

나 대학교 때는 머리가 엄청 짧았어.

If I hadn't gone to college, I would've joined the military.

내가 만약 대학을 가지 않았더라면, 군대에 갔을 거야.

I had a lot of fun in college. I made lots of good memories.

나는 대학교 때 정말 재밌었어. 좋은 추억 많이 만들었지.

We were best friends in college and we are still best friends.

우리는 대학교 때 단짝이었고 지금도 여전히 단짝이야.

Chapter 03

한국 스타일의 영어 습관

한국인만 말하거나
원어민만 말하거나

have breakfast, have a meal

 eat breakfast

'식사를 하다'라는 표현에서 대부분 원어민은 eat보다는 have를 사용한다. '식사를 먹다'는 표현보다는 '식사를 하다'나 '식사를 가지다'라고 하는 것이 더 자연스럽기 때문이다. Eat breakfast의 좀 더 자연스러운 표현은 have breakfast, have a meal이다.

I had breakfast with my mother today.

나는 오늘 엄마와 아침식사를 했어.

Mr. Kim usually has a meal after exercising.

미스터 김은 주로 운동 후 식사를 해요.

I wasn't hungry so I had a light dinner.

난 배고프지 않아서 가벼운 저녁식사를 했어.

올쏘 꿀팁

아침, 점심, 저녁인 'breakfast, lunch, dinner'는 상황에 따라 가산 또는 불가산 명사이다.

❶ '식사하다'는 표현을 할 때는 불가산으로 사용한다. I have breakfast in the morning.

❷ '아침을 두 번 먹었다', '아침 식사를 두 번 했다'처럼 몇 번의 식사를 표현할 때는 가산으로 사용한다. I had two breakfasts.

❸ a light breakfast, a big breakfast, a continental breakfast처럼 '어떠한' 아침/점심/저녁 식사를 형용사로 표현할 때는 관사 'a'가 들어간다.

do the laundry

 wash clothes

'빨래를 하다'는 옷을 세탁하는 것으로 wash clothes라는 표현이 잘못된 것은 아니다. 그러나 '빨래'는 세탁기에 빨래를 돌리고 말리고 개거나 널어놓은 모든 행위를 말하는 것이다. 그래서 wash clothes는 빨래의 포괄적인 개념보다는 세탁하는 것만을 의미한다. 같은 이야기로 마른 옷을 개는 행위는 fold clothes라고 한다. 그래서 대부분의 원어민은 빨래를 하다의 포괄적인 표현으로 do the laundry라고 한다.

> (a/the) dry cleaner's　세탁소
> (a/the) laundromat　빨래방

I did the laundry yesterday.

어제 빨래했어.

When did you do the laundry?

너 언제 빨래했어?

It usually takes about 2 hours to do the laundry.

빨래하는 데 주로 2시간 정도 걸려.

do the dishes

 wash the dishes

'설거지'는 그릇을 깨끗이 닦는 행위로, wash나 clean이라는 단어가 떠오른다. 그래서 '설거지 하다'를 wash the dishes 또는 clean the dishes라고 한다. 가장 정확한 표현은 wash the dishes이지만, 일반적으로 원어민이 가장 많이 사용하는 표현은 do the dishes로 do 동사를 사용한다.

It is my turn to do the dishes.

내가 설거지 할 차례야.

I usually do the dishes right after I finish my meal.

나는 주로 식사를 다 하고 난 후 바로 설거지를 해.

Can you do the dishes? I'm running late.

네가 설거지할 수 있어? 나 지금 늦었어.

When I cook, my husband does the dishes.

내가 요리할 때는 남편이 설거지를 해.

What do you do for fun?/
What do you do in your free time?

▲ What's your hobby?

미국에서 살면서 hobby라는 말을 써본 적이 거의 없었다. 어렸을 때부터 지금까지 취미, 즉 hobby라는 단어를 사용한 적이 손에 꼽힐 정도다. 원어민은 취미를 물어볼 때 hobby라는 단어를 직접적으로 사용하지 않고 재미를 위해 뭐 하냐고 물어본다. 그래서 취미를 물을 때는 What do you do for fun? 또는 What do you do in your free time?, What do you do when you are free?라고 한다.

A   What do you do for fun?
B   I go surfing for fun. You? What do you do?

A   너는 시간 있을 때 (재미로) 뭘 해?
B   나는 (재미를 위해) 서핑을 해. 너는? 너는 뭐 해?

A   What do you do in your free time?
B   I like to catch up on new dramas.

A   시간 있을 때 뭐 해?
B   나는 그냥 못 본 새 드라마 보는 거 좋아해.

good

 delicious

맛있는 음식에 대한 평가를 할 때 한국어 표현은 정말 풍부하다. '맛있다, 고소하다, 담백하다, 감칠맛이 나다' 등 다양하게 표현한다. 영어로도 다양한 맛에 대한 표현이 있지만, '맛있다'고 표현할 때 대부분 good이라고 한다. Good 앞에 so, very, extremely, really 등을 함께 사용해 얼마나 맛있는지에 대한 강도를 표현한다. 물론 delicious라는 단어가 '맛있다'는 뜻이지만 미국에 살면서 delicious라는 말을 거의 사용하지 않았다. 물론 delicious를 사용해도 된다. 다만 원어민은 '맛있다'는 표현을 good이라고 한다는 점이다.

This pasta is really good. Did you really make it?

이 파스타 정말 맛있다? 이거 정말 네가 만든 거야?

The pie I had at the restaurant yesterday was so good.

어제 식당에서 먹은 파이 정말 맛있었어.

I didn't know 미역국 tasted this good.
(I didn't know 미역국 was this good.)

난 미역국이 이렇게 맛있는지 몰랐어.

Wow! Your mom's 김밥 is so good!

와! 너희 엄마 김밥 정말 맛있다!

make food

 cook food

'요리하다', '음식을 하다'를 영어로 표현할 때 한국에서는 cook이라는 단어를 떠올린다. 하지만 원어민은 음식을 할 때, 파스타를 요리하거나, 부리또를 만들거나, 김치를 담글 때, 음식을 '만든다'고 말한다. Cook은 단어 자체가 '요리한다'를 의미하기 때문에 뒤에 음식이 들어가지 않아도 전달이 되지만 make는 뒤에 음식 이름이 들어가야 '요리를 한다'는 의미가 전달된다. make pasta, make kimchi, make 떡볶이, make 된장찌개, make coffee, make sandwich, make lunch처럼 make는 어떤 음식, 음료를 요리하거나, 조리하거나 할 때 거의 다 사용할 수 있다. 반면 cook chicken, cook pasta, cook a hot meal처럼 cook은 열을 가하는 방식의 요리 즉 끓이거나, 찌거나, 삶는 요리에 주로 사용된다.

Can you make me an iced latte please?

나 아이스 라테 한 잔 타 줄 수 있어?

I made your favorite pasta!

네가 제일 좋아하는 파스타 만들었어!

We ate up all the kimchi. We need to make more.

김치 다 먹어버렸어. 더 만들어야 해.

I'm going to make 떡볶이. Do you want some?

나 떡볶이 만들 거야. 좀 먹을래?

Are you finished/done?

❌ Did you eat all your food?/Did you eat everything?

친구나 지인, 가족과 식사 자리에서 '다 먹었어?'라는 질문은 음식량을 물어보는 것이 아닌 식사를 끝냈는지를 물어보는 것이다. '식사 다 했어?, 다 먹었어?'를 영어로 Did you eat all your food? 또는 Did you eat everything?으로 표현되는데, 두 질문은 음식을 남기지 않고 다 먹었냐고 물어보는 것이지 식사를 끝냈냐는 의미가 아니다. 식사의 지속 여부를 물어보려면 Are you done (with that)?이나 Are you finished (with that)?이라고 해야 한다.

올쏘 꿀팁

식사를 다 했다고 표현할 때 be 동사 + finished eating 또는 done eating이라고도 표현할 수 있다.

Are you done? Can I take it away?

너 다 먹었어? (그릇) 가져가도 돼?

I'm done with my food. How about you?

나는 다 먹었어. 너는?

I'm not done yet. I'm still eating.

나는 아직 다 안 먹었어. 아직 먹는 중이야.

We are not in a rush. You don't have to rush if you are not finished with your food.

우리는 급하지 않아. 아직 다 못 먹었으면 서두를 필요 없어.

Are you finished eating? You barely ate.

너 식사 다 한 거야? 별로 (거의) 안 먹었네.

I thought you were finished eating so I cleaned up the table.

난 네가 식사 다 한 줄 알고 상 치웠어.

love

 Like very much

무언가를 너무 좋아할 때는 like ~ very much를 사용해도 상관없지만, 원어민은 love를 사용한다. 이때의 love는 '사랑'이라는 의미보다는 '매우 좋아한다'는 의미로 사용한다. 주로 love 뒤에 동명사나 행동, 생명체가 아닌 어떤 것을 정말 좋아한다는 의미로 사용되고, love 뒤에 사람이 나오면 대부분 '사랑한다'는 의미로 쓰인다.

I love traveling solo.

나는 혼자 여행하는 거 너무 좋아해.

I love my job. It's the perfect fit for me.

나는 내 직업이 정말 좋아. 나한테 완벽한 핏이야.

She loves helping others. It's very meaningful to her.

그녀는 남 도와주는 것을 정말 좋아해. 그녀에게 매우 의미가 있어.

I love talking on the phone with you. It's so fun.

너랑 전화통화 하는 게 너무 좋아. 너무 즐거워.

I have a dog

 I raise a dog

반려동물을 키우는 집이라면 '우리는 강아지(고양이)를 키워(길러)'로 이야기할 때도 있지만 일반적으로 '우리는 강아지 세 마리 있어요'라고도 표현한다. 이때 사용하는 I raise a dog.에서 raise라는 단어가 틀린 것은 아니지만, 일반적으로 have라는 단어를 사용한다. Raise를 사용한다면 주로 농업적인 목적 또는 이유로 동물을 키울 때 사용하고 집에서 키우는 반려동물은 have를 사용한다.

I have two dogs and a cat.

나는 개 두 마리와 고양이 한 마리 있어.

We used to have a dog, too.

우리도 예전에 개 키웠었어.

We don't have a dog yet but we are thinking of getting one.

아직 개가 없는데 한 마리 키울까 생각 중이야.

My friend raises cattles in the countryside.

내 친구는 시골에서 소 키워.

I'm 10

▲ I'm 10 years old/My age is 10

사람한테 숫자를 부여하는 상황은 대표적으로 두 가지다. 나이를 말하거나 몸무게를 말하거나. 그 외에는 사람들에게 숫자를 부여하지는 않는다. 그래서 나이를 얘기할 때 굳이 숫자 뒤에 years old가 나오지 않아도 되고, 문장 앞에 '내 나이는'을 의미하는 My age is를 이야기하지 않아도 된다. 그냥 I am 10.처럼 be 동사와 나이만 나오면 된다. 몸무게를 말할 때는 단위가 꼭 들어가기 때문에 나이와 헷갈리지 않는다.

올쏘 꿀팁

영어로 점수를 줄 때는 점수가 명사로 쓰이기 때문에 명사 앞에 'a' 가 들어간다. 예를 들어 He's a 10.식으로 숫자 앞에 'a'가 들어가기에 나이나 몸무게를 말할 때와 다르다. 하지만 경연대회처럼 사람에게 점수를 주어서 평가하는 게 아니라면 무례를 일으키지 않기 위해 안 쓰는 것이 좋다.

I'm 25 and my brother is 23.

저는 25살이고 제 남동생은 23살이에요.

I think Sarah is 34.

(내 생각에) 사라는 34살인 거 같아.

Ben is already 4? He is growing up so fast!

벤이 벌써 4살이야? 정말 빨리 큰다. (자란다)

My friend is a year younger than I am, so she is 23.

내 친구는 나보다 한 살 어리니까 23살이야.

My dog is 12 but she doesn't look like it.

나의 반려견은 12살인데 그렇게 안 보여.

올쏘 꿀팁

나이를 정확하게 말하고 싶지 않을 때는 다음의 표현을 사용하면 좋다.

· 20대 → I'm in my 20's.
· 20대 초반 → I'm in my early 20's.
· 20대 중반 → I'm in my mid 20's.
· 20대 후반 → I'm in my late 20's.

What have you been up to lately?

△ What are you doing these days?

'요즘 뭐 하고 지내?'라고 물어볼 때 What are you doing these days?라고 해도 틀린 표현은 아니지만, 원어민이 오랜만에 만난 사람과 인사를 하며 안부를 물을 때는 What have you been up to lately?라는 표현을 더 많이 사용한다. What are you doing these days?는 직설적인 뉘앙스를 줄 수 있어서 사람에 따라 무례하다고 생각할 수 있다. 그래서 오랜만에 만나는 사람에게 '요즘 어떻게 지냈어', '무엇을 하며 지내고 있어'고 물을 때는 What have you been up to lately?를 사용한다. 만약 현재 완료 시제가 어렵다면 일상 대화에서는 큰 문제가 없으니 What are you up to these days?라고 사용해도 된다.

It's been so long! What have you been up to lately? Is everything good?

정말 오랜만이다! 요즘 뭐하고 지내? 다 좋아?

What have you been up to lately? Anything new?

요즘 뭐하고 지냈어? 뭐 새로운 거는?

I've been busy with work. How about you? What have you been up to?

나는 일로 (일하느라) 바빴어. 너는? 넌 뭐하고 (어떻게) 지냈어?

A   What have you been up to lately?

B   Nothing much. Just work.

A   요즘 뭐하고 지냈어?

B   별거 없어. 그냥 일(직장)이지 뭐.

packed with people

❌ There are many people

특정한 곳에 사람들이 많이 몰려있을 때를 영어로 There are many people.이라고 하는데 틀린 표현은 아니지만, 원어민은 The place is packed with people.이라고 하며 상황에 따라서 with people은 넣지 않기도 한다. (물론 넣고 싶으면 넣어도 된다.) 카페나 식당 또는 전철 등은 당연히 '사람들'로 가득할 것이란 것을 알고 있기 때문에 with people을 빼도 사람이라는 의미가 전달되기 때문이다. 하지만 특정한 그룹의 사람들 예를 들어 학생, 군인 등 단체를 말하고 싶을 때는 with students, with soldiers 등으로 구분해야 의미가 정확하게 전달될 때는 빼지 말고 넣어서 표현한다.

올쏘 꿀팁

꼭 사람들로 가득 차있는 것만 packed with~라고 사용하지 않는다. 물건에 대해서도 사용이 가능하다. 예를 들어 '옷장에 겨울옷으로 가득 차 있다'라고 말하고 싶다면 The closet is packed with winter clothes.라고 표현할 수 있다.

The subway was so packed in the morning.

아침에 지하철은 사람으로 정말 꽉 차 있었어.

That café is usually packed with college students in the afternoon.

그 카페는 오후에는 주로 대학생들로 가득 차 있어.

I didn't know the café would be this packed in the morning.

난 아침에 카페에 이렇게 사람 많을지 몰랐어.

I don't like to go to places that are packed with people.

난 사람들이 엄청 많은 (사람들로 가득 찬) 곳에 가는 걸 좋아하지 않아.

Is this place usually this packed with people?

여기는 주로 이렇게까지 사람들이 많아?

blow up

 explode at someone

가끔은 상대방이 조금만 나를 놀리거나 건드려도 화가 폭발할 때가 있다. 심기가 불편한 상태일 때는 조금만 건드려도 화를 주체하지 못할 때가 있다. '폭발하다'는 explode라는 단어가 있지만 '너무 화가 나서 폭발하다'라는 원어민의 일상적인 표현은 blow up at someone이라고 한다. 예를 들어 상사가 이유 없이 제안서를 몇 번씩 다시 해오라고 하는 걸 견디다 못해 blow up 하거나 오늘따라 유독 칭얼거리는 아이에게 참기 어려워서 blow up 하거나 종일 기분이 안 좋고 되는 일이 없던 걸 겨우 버티고 있는데 남자친구의 쓸데없는 소리에 끝끝내 blow up을 할 때도 사용한다.

올쏘 꿀팁

비슷한 의미로 조금 더 강도가 높은 표현은 lash out at someone이다. blow up이 주로 소리 지르고 화내는 것이라면, lash out은 과격하게 말로 공격을 하는 것도, 때리면서 화내는 것도 표현한다. 예를 들어 친구가 화가 나서 소리를 지르며 얘기를 하다가 물건을 던지거나 나를 밀치는 등의 행동을 하면 blow up보다 lash out에 더 가깝다고 볼 수 있다.

My boss blew up at people again today.

내 상사가 사람들에게 또 폭발을 했어.

I've never seen Mr. Kim blow up at anyone.

나는 미스터 김이 그 누구에게도 폭발하는 거 본 적이 없어.

If you do that one more time, I'm going to blow up.

너 그거 한 번만 더 하면 나 폭발한다.

Sam looks like he is going to blow up. Something must be annoying him.

샘이 폭발해 버릴 거 같아. 뭐가 그를 짜증나게 하는 걸 거야.

What are you blowing up at me for?! I didn't do anything.

뭐 때문에 나한테 폭발하는 건데?! 난 아무것도 안 했어.

I'm

 My name is

자기소개를 위해 이름을 말할 때 거의 10명 중 9명은 My name is~로 시작한다. 물론 상관은 없지만 대부분의 원어민이 자기 이름을 말할 때는 I'm~이라고 하고, My name is~를 사용할 때는 좀 더 격식 있게 말하는 뉘앙스를 준다.

올쏘 꿀팁

미국에서 학교를 다닐 때 영어 이름을 따로 만들지 않고 한국 이름을 그대로 사용하는 한국 친구들이 있었다. 예를 들어 친구의 이름이 홍길동이라면 외국인들에게 '길동'이라는 이름이 꽤 어렵다. 그래서 더 쉽게 부를 수 있도록 '길이라고 불러'라고 먼저 말하기도 한다.

You can call me 'Gil'.

I'm Sophia. It's a pleasure to meet all of you.

저는 쏘피아입니다. 모두 만나 뵙게 되어 영광입니다.

My name is Sophia but I go by Soap. That's my nickname.

제 이름은 쏘피아지만 솝을 사용합니다. 제 닉네임입니다.

A   Gil Dong, Hong? Did I pronounce your name correctly?

B   Yes, but you can just call me 'Gil'.

A   길동 홍? 제가 이름 제대로 발음한 게 맞나요?

B   맞습니다, 그런데 그냥 '길'이라고 불러주시면 됩니다.

평소에 자신을 '길'이라는 이름으로 불린다고 소개를 하고 싶으면 I go by 'Gil'.이라고도 한다. 이 문장을 더 풀어서 쓰면 I go by the name of Gil.인데, 우리에게는 드문 일이지만 별명이나 닉네임으로 활동하는 사람들이 I go by~라고 소개를 하기도 한다. 누군가에게 자신을 소개할 때, 불리고 싶은 영어 이름이나 별명으로 이야기할 때 좋다.

the girl in the blue shirt/
the girl with the necklace

▲ **the girl wearing the blue shirt**

사람이 입고 있는 옷을 설명하는 표현은 다양하지만, 대부분 wear라는 단어를 사용하는 것에 그친다. 예를 들어 '파랑 티를 입고 있는 여자'를 영어로 표현하면 the girl wearing the blue shirt라고 할 수 있다. 물론 틀린 표현은 아니지만 원어민은 wearing이라는 단어 대신 the girl in the blue shirt처럼 in을 사용한다. 마치 옷 안에 사람이 들어가 있는 것처럼 표현하는 것이다. 목걸이, 모자, 가방 등 소품은 사람이 그 안에 들어갈 수 있는 것이 아니고 들고 있거나 위에 올려두는 것이기 때문에 the girl with the necklace처럼 with + 무엇으로 표현한다. 신발은 두 가지 표현을 다 사용한다.

I think the girl in the blue shirt over there is my friend's girlfriend.

저기 파란색 티를 입고 있는 여자, 내 친구의 여자 친구인 거 같아.

The guy with the red baseball cap is kind of cute!

빨간 야구모자 쓴 남자 좀 귀여운데?!

You need to look for a woman in a red skirt.

빨간 치마를 입고 있는 여자를 찾아야 해.

The girl with the black bag is my niece.

검은 가방을 메고 있는 여자아이가 내 조카야.

Mr. Kim has a blue sweater on. Do you see him?

미스터 김은 파란색 스웨터를 입고 있어. 그가 보여?

The man in the black suit is my dad.

검정색 정장을 입은 남자가 우리 아빠야.

be here/be there

 arrive

집으로 갈 때, 친구를 만나러 갈 때, 외근 갔다가 회사로 복귀할 때에 몇 시쯤 또는 몇 분 안에 도착할 것이라는 말을 자주 한다. 그렇게 '도착하다'라는 말을 할 때 한국에서는 arrive를 떠올린다. 원어민은 '어디에 몇 시쯤 도착해' 또는 '몇 시 안에 도착해'라고 말할 때 arrive보다는 be here 또는 be there라고 주로 표현한다. '도착하다'라는 의미로 be + 장소를 사용할 때 부사로 사용되는 home, here, there 앞에 전치사 at은 필요 없지만, 그 외의 도착할 장소 앞에는 거의 다 at이 들어가야 한다는 점 반드시 기억하자. 상황에 따라 도착하다는 의미가 아니고 이미 거기에 있다는 표현으로 be + (at) 장소를 사용한다. 주로 현재 시제로 be 동사를 연결해주면 어느 장소에 있다는 것을 의미한다. 예를 들어 '나 지금 사무실이야(회사야)'를 I'm at the office.로 표현하지만 be 동사를 미래 시제로 하면 '나 사무실에 (회사에) 곧 도착해'가 I will be at the office soon.으로 표현한다.

올쏘 꿀팁

원어민은 문자를 주고받을 때 도착 예정 시간을 표현할 때 다음과 같이 쓴다. 예를 들어 2시 반 도착 예정이면 ETA 2:30 또는 My ETA is 2:30로 쓴다. 여기서 ETA는 'estimated time of arrival'로, 도착 예정 시간을 줄여서 사용하는 표현이다.

I'll be home in thirty minutes.

집에 30분 안에 도착해.

I'm already here. Where are you?

난 여기 이미 도착했어. (난 여기 와 있어) 넌 어디야?

She said she will be there by 3pm.

그녀가 3시까지 거기에 도착한다고 말했어.

I think we'll be at the restaurant in 10 minutes.

우리는 10분 안에 식당에 도착할 거 같아.

Sam will be there in half an hour.

샘은 거기에 30분 안에 도착할 거야.

I'm on my way. I'll be there soon. ETA 10:30.

나 가는 중이야. 곧 도착해. 도착 예정시간 10시 반이야.

I'm good to go

 **I'm ready**

준비가 다 되었다고 할 때 I'm ready.라고 한다. 그런데 실제로 더 많이 사용하는 표현으로는 I'm good to go.라고 한다. 주로 어디에 가거나, 무엇을 위해 준비를 하거나, 준비가 되었을 때 사용한다. 아마도 2020년, 2021년에 오다 가다 길거리나 식당, 가게에서 자주 들었을 BTS의 노래 〈Dynamite〉의 가사 중에서도 I'm good to go.라고 하는 부분이 있다. 이 가사가 나오는 노래 부분도 대충 비슷한 의미다. 노래의 코러스 부분에서 I'm good to go.의 go라는 단어가 어디 가기 위해서만 준비되었다는 뜻은 아니고 그냥 준비됐다는 것을 의미한다. 일상적인 상황에서 준비됐다고 말할 때는 I'm good to go.를 많이 사용한다는 점을 반드시 기억하자.

올쏘 꿀팁

격식 있는 자리에는 I'm good to go.는 너무 가볍게 들릴 수 있다. 조금의 무게가 필요할 때는 I'm ready.를 사용한다.

Once I finish getting dressed, I'm good to go. Give me ten minutes.

옷만 다 입으면 난 준비 다 됐어. 10분만 줘.

If everything is ready (good) at your end, we are good to go.

네가 준비되었으면 우리는 다 준비됐어.

Should we start shooting the video? We are all good to go.

우리 비디오 찍어볼까 (시작할까)? 우리 다 준비됐어.

Sam is good to go. Is everyone else ready?

샘은 준비 다 됐어. 다른 사람들은 준비됐어?

A   We are going to be late! Are you done?
B   Yea, I'm good to go.

A   우리 늦겠어! 준비 다 했어?
B   응, 준비 다 했어.

social media

 SNS

하루에 몇 번씩 SNS를 접속하고 들여다본다. 요즘은 자신의 일상과 기록에 많은 관심을 가지다 보니 다양한 SNS가 있다. 우리가 알고 있는 SNS라는 표현이 원어민도 사용하는 표현인지 확인해보자. 미국에서는 SNS라고 하면 대부분의 사람들이 이해를 못 할 것이다. SNS는 Social Network Service의 약자로 콩글리시는 아니지만, 미국에서는 SNS를 Social Media라고 한다. 물론 SNS나 social media라고 하든 상관은 없지만 미국에서는 주로 social media라고 사용한다.

You should promote your product on social media.

너의 제품을 소셜 미디어에 홍보해 봐.

I used to be addicted to social media apps but I don't go on any of them anymore.

예전에 소셜 미디어 앱에 중독되었는데 이제는 그 어떤 것에도 안 들어가.

I think the most popular social media app among women is Instagram.

여자들 사이에서 가장 인기 많은 소셜 미디어 앱은 인스타그램인 것 같아.

I can't make it

 **I can't go**

'어디에 갈 수 있다' 또는 '어디에 못 간다'고 말할 때 go를 사용한다고 알고 있지만, 원어민은 make it이라는 표현을 자주 사용한다. '주로 (어디에) 몇 시까지 갈 수 있을 것 같다', '(어디에) 오늘은 못 갈 거 같다'와 같은 일상 표현을 할 때 사용한다. Make it은 go와 똑같이 사용하기 때문에 뒤에 to를 넣고 장소가 나와야 한다. 하지만 부사인 home, there, here 등 앞에는 to가 없다는 점을 반드시 기억하자.

Sally can make it to the party but I probably can't.

샐리는 파티에 갈 수 있을 거 같은데 나는 아마 안 될 거야.

You made it! I thought you couldn't come because of work?!

왔네~?! 일 때문에 못 온다고 한 줄 알았는데!

I can make it there by 6pm. Is that okay?

거기에 6시까지는 갈 수 있어. 괜찮아?

A	Do you think you can make it to dinner on time?
B	I don't think so. There is so much traffic!

A   저녁식사는 제 시간에 올 수 있을 거 같아?

B   안 될 거 같아. 차 엄청 막혀!

convenient vs comfortable
편리하다 vs 편하다

대화를 하다보면 '편리하다'와 '편하다'를 같은 의미로 말해도 크게 문제가 없을 때가 많다. 예를 들어 교통체증과 시간에 늦지 않게 가기 위해서는 지하철이 '편하지'라는 말처럼 '편하다'는 말은 '편리하다'는 의미로 쓰인다. 한국어는 '편리하다'와 '편하다'를 써도 의미 전달에 큰 문제가 없지만, 간혹 영어로 말을 할 때는 헷갈리기 쉽다. 영어로 '편하다'와 '편리하다'는 한국어처럼 교체하여 사용할 수 없다. 그러므로 '편하다'를 말하고 싶을 때는 comfortable, '편리하다' 또는 '간편하다'를 말하고 싶을 때는 convenient로 확실히 구분지어 사용해야 한다. 반대로 말할 때는 uncomfortable, inconvenient라고 한다.

This chair is really comfortable. I can sit in it all day long.

이 의자 정말 편하다. 종일 앉아 있을 수 있겠어.

You are making everyone uncomfortable. Stop talking about money.

넌 모두를 불편하게 만들고 있어. 돈 얘기 그만해.

The subway is at a very convenient location.

지하철이 매우 편리한 위치에 있어.

This app is very convenient. I can save a lot of time by using this app.

이 앱은 정말 편리해. 이 앱을 사용하므로 시간을 절약할 수 있어.

This service is so inconvenient. Why would someone make something like this?

이 서비스는 너무 불편해 (편리하지 않아). 왜 이런 걸 만들어?

no

부정을 표현할 때

부정을 말할 때 no와 not이라는 단어를 사용한다. 그런데 간혹 not을 써야하는 부분에 no를 쓰고 또 그 반대로 사용할 때도 있다. 예를 들어 난 돈이 없다를 I have not money.라고 하는데, 틀린 표현이다. No를 사용할 때는 no 다음에 명사 또는 동명사만 올 수 있다.

no + 명사

I have no complaints. 나는 불평불만이 없어.

no + 동명사

There is no eating in the classroom.
또는 No eating (음식 섭취 안 됨)

I have no paper.

나는 종이가 없어.

No peeking at other people's paper!

다른 사람의 시험지 엿보기 없음!

No talking in class.

수업시간에 떠들기 없음.

There is no toilet paper in the bathroom.

화장실에 휴지가 없어.

.

not

부정을 표현할 때

not을 사용할 때는 no처럼 명사가 붙을 수도 있고 형용사가 나온다. be
동사나 일반 동사를 부정으로 사용할 때도 no가 아닌 not을 사용한다.

not + 명사

I'm not a complainer.   나는 컴플레이너가 아니야

not + 형용사

I'm not mad.   나는 화나지 않았어.

동사 부정으로 표현

I don't (do not) complain.   나는 불평하지 않아.

올쏘 꿀팁

I don't have no money.는 맞을까 틀릴까? double negative 즉 이중 부정으로 이 문장은
문법적으로 틀린 문장이다. I don't (do not) have money.나 I have no money.처럼 부정
은 한 번만 들어가야 한다.

She is not a nice person.

그녀는 착한 사람이 아니야.

She is not nice.

그녀는 착하지 않아.

They are not coming here today.

오늘 그들은 여기 오지 않아.

I don't (do not) have any paper.

나는 종이가 없어.

I don't have money to give you. Stop asking!

너한테 줄 돈 없어. 그만 물어봐!

I'm not mad. I'm just tired so stop asking if I'm mad.

나 화난 거 아니야. 그냥 피곤해서 그러니까 화났냐고 그만 물어봐.

Sally doesn't have any siblings. She is an only child.

샐리는 형제, 자매가 없어. 외동딸이야.

is not my thing

 I'm not interested in~

'~에 별로 관심이 없다/즐기지 않다' 또는 '~를 잘하지 못한다'는 표현을 할 때 대부분 I'm not interested in~을 사용한다. 물론 맞는 표현이지만 원어민은 무엇에 관심이 없을 때나 잘 못할 때는 interest라는 단어보다는 ~is not my thing이라고 말한다. 직역을 했을 때는 완전 다른 의미로 보이지만 숙어로 사용하는 표현이기 때문에 직역의 의미와 상관없이 사용한다. 예를 들어 친구가 베이킹 클래스를 같이 들어보자고 하는데 '나는 베이킹에 관심이 없다'고 말을 하거나 또는 '잘하지 못한다'는 표현을 하고 싶다면 Baking is not my thing.이라고 한다. 행동을 말할 때는 동명사를 넣고, 무엇을 표현할 때는 명사를 넣는다.

Bars aren't really my thing. I'd rather go to a nice restaurant.

나는 바는 별로야. (바는 별로 좋아하지 않아.) 차라리 좋은 레스토랑에 가는 게 좋겠어.

Running isn't really my thing but I know Sam loves running.

나는 달리기에 관심 없어. 하지만 샘은 달리기 정말 좋아하는 걸로 알고 있어.

A   Do you want to go try out this new restaurant?
B   Trying out new restaurants is not my thing. Can we go somewhere we usually go to?

A   새로 생긴 식당 가볼래?
B   새로운 곳에 가는 건 별로 좋아하지 않아. 우리 자주 가는 곳으로 가도 될까?

올쏘의
영어 공부법

영어를 공부하는
이유가 있어야 한다

　요즘에는 영어를 웬만큼 다 하지 않나 싶을 정도로 영어로 소통하는 것이 당연하게 여겨지고 있다. 그만큼 영어에 대한 관심과 노력이 많아졌다는 소리다. 그러나 학원, 스터디, 미드나 유튜브 시청 등 여러 가지 방법으로 공부를 하고 있지만 영어 실력이 별반 달라지지 않는 사람들이 있다. 이런 사람들에게는 지금 하고 있는 모든 것을 멈추라고 조심스레 전하고 싶다.

　'나는 영어 공부를 왜 하는 거지?'라는 질문에 대해서 정확하고 디테일한 답을 찾아야 한다. '그야 당연히 영어 실력을 높이기 위해서지'라고 생각할 수 있겠지만, 질문에 'why?'를 더해 정확한 목표와 목적을 알고 있어야 그에 맞는 공부 방법도 제대로 찾을 수 있다.

　'전체적으로 나의 영어 실력을 향상시키기 위해서'라는 대답은 너무 두루뭉술하다. 지금 당장 종이와 펜을 가져와서 143쪽의 예시처럼 구체적으로 파악해보자.

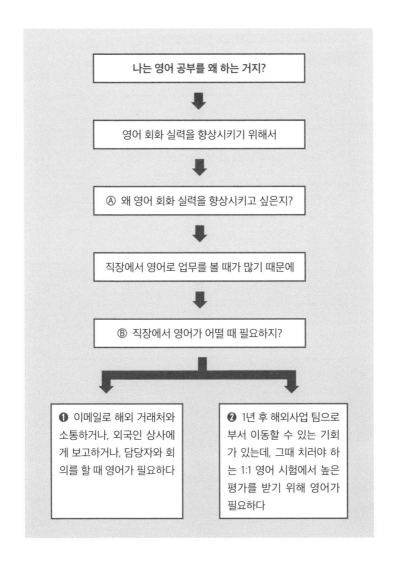

❶ 이메일로 해외 거래처와 소통하거나, 외국인 상사에게 보고하거나, 담당자와 회의를 할 때 영어가 필요하다

⬇

© 그렇다면 현 상태에서 뭐가 부족하지?

⬇

이메일로 소통할 때는 거의 문제가 없지만
화상이나 전화로 대화를 나눌 때 어렵다

⬇

화상이나 전화로 할 때 어떤 부분이 어렵지?

⬇

듣는 건 거의 다 알아듣는데 내가
해야 하는 말이 빨리 빨리 안 나온다

⬇

왜 빨리 빨리 말이 안 나오지?

⬇

단어나 문법은 이해하고 있지만 문장을 머릿속에서
생각해 내고 입으로 내뱉는 시간까지가 오래 걸린다

❷ 1년 후 해외사업 팀으로 부서 이동할 수 있는 기회가 있는데, 그때 치러야 하는 1:1 영어 시험에서 높은 평가를 받기 위해 영어가 필요하다

⬇

© 그렇다면 현 상태에서 뭐가 부족하지?

⬇

해외사업 팀부서 이동을 위한 모의 1:1 영어회화 시험을 봤는데 스피킹 파트 점수가 많이 부족하게 나왔다

⬇

스피킹 파트에서 왜 점수가 많이 부족하게 나왔지?

⬇

상대방의 업무 관련 질문에 대답은 잘 했지만 상대방과 토스 형식으로 대화가 안 되서 질문이나 업무 외에 이야기는 거의 못했다

⬇

토스 형식의 대화가 왜 안 되지?

⬇

질문을 만드는 게 어렵고 업무 외에 일상적인 얘기는 해볼 기회가 별로 없어서 빨리 말이 안 나온다

구체적인 질문과 답을 하는 이유는 내가 더 필요한 부분이 무엇인지 제대로 알고 목표 설정을 제대로 하기 위해서다.

앞의 직장인은 매일 직장에서 영어가 필요해서 공부를 할 수밖에 없는 상황이다. 주로 많은 사람들이 자기 상태를 말할 때 ⑧ 질문의 답까지만 말을 한다. 그러나 좀 더 파고들면 ©의 질문과 답까지 나온다. 이렇게 더 깊숙이 파고드는 질문을 하고 답을 생각하지 않으면 ⑧까지의 내용을 토대로 비즈니스 영어 커리큘럼의 학원 수업을 선택할 확률이 높다.

단언컨대 비즈니스 영어 수업을 듣는다고 해서 달라지는 것은 없을 것이다. 왜냐하면 이미 이 사람은 비즈니스상 필요한 표현이나 상황들에 대해서 너무 잘 알고 있을 것이며, 문법이나 표현 등도 잘 알고 비즈니스 이메일도 문제없이 주고받을 것이다. 다만 통화를 하거나 대화를 이어가는 것에 큰 어려움을 느끼고 있는 것으로 판단된다. 리스닝은 되지만 말이 바로 나오지 않는 것이 문제인 것이다. 알고 있는 어휘나 표현은 많지만 머릿속만 헤맬 뿐 입으로 나오지 않는 것이다. 그렇다면 비즈니스 영어 수업을 들을 것이 아니라 일상적인 영어 회화 수업을 듣고, 말을 빨리 할 수 있는 TIMED 스피킹 연습을 하는 것이 도움이 된다.

자신에게 필요한 영어가 무엇인지 알기 위해서 구체적이고 세밀하게 내가 왜 영어 공부를 하려는지, 부족한 점이 무엇인지 등을 생각해보길 바란다.

자신의 공부 성향을
파악하자

　가장 효율적인 영어 공부 방법은 나의 공부 성향에 잘 맞는 방법을 찾는 것이다. 앞서 언급했듯이 언어 공부는 어렵고 재미없으면 빨리 지친다. 그래서 더더욱 나의 성격에 맞는 공부 방법을 선택하는 것이 중요한다.

　사람들이 자주 하는 질문 중에는 '영어 공부를 시작하려고 하는데 뭘 하면 좋을지 고민'이라는 내용이 많다. 지금 자신이 놓인 상태(예를 들어 직장에 외국인 상사가 파견 왔다, 아이가 학교에서 배운 영어를 물어본다, 해외여행을 가려고 한다 등)에 맞는 교재를 추천받고 싶어 한다. 영어 공부를 위한 추천 미드나 학원 수업이 나을지, 전화영어나 1 대 1 수업, 그룹 스터디 중 무엇이 자신에게 맞을지를 고민한다.

　그러면 나는 여러 가지 상황들을 확인하고, 과거 영어 공부를 해 본 적이 있는지, 토익, 오픽 등 시험을 본 적 있는지, 점수는 어떤지, 일상에서 영어 활용은 얼마나 하는지, 성향은 어떤지, 공부 습관은 어떤지, 목적, 목표는 무엇인지, 기간은 얼마를 생각하고 있는지, 일주일 공부 횟수는 얼마나 생각하는지 등을 파고든다. 개인의 성향이나 상황을 물어보지 않고 '미드 좋아하니 미드로 공부하는 것을 추천합니다', '요즘 유튜브 강의가 좋은 것이 많으니 유튜브로 공부를 해보세요'라고 하는 것은 너무 무책임한 말이다.

물론 트렌드라는 것이 있긴 하다지만, 영어 공부는 트렌드에 상관없이 자신에게 맞는 공부 방법을 찾는 것이 중요하다. 자칫 공부 방향이 잘못되면 돌아가야 할 수도 있고, 비효율적이라 돈 낭비, 시간 낭비가 될 수도 있다.

또 다른 질문으로는 '어떤 미드를 보면 좋을까요?', '프렌즈를 보면 되나요?', 〈비긴 어게인(Begin Again)〉을 한 10~20번 보면 될까요?', '자막은 켤까요, 끌까요?' 등도 역시나 개개인마다 다 다르게 적용된다. 하지만 이런 질문들에 답을 찾는 것이 중요한 것이 아니고 어떤 목적과 목표로 영어 공부를 하는지를 먼저 판단하는 것이 더 중요하다. 예전에 학원 소속 강사로 수업을 진행할 때 4~5가지로 짠 커리큘럼만으로 수업을 하였는데, 납득이 되지 않는 부분이 있었다. 가르치는 입장에서는 큰 틀의 커리큘럼은 있어야 하지만, 이 커리큘럼으로는 각각의 목적에 맞는 공부가 쉽지 않다는 단점을 가지게 되는 것이다.

영어 공부의 목적, 목표가 무엇이든 단어나 어휘 암기처럼 공통적으로 그리고 기본적으로 해야 하는 것들이 있다. 그러나 자신의 영어 공부 목적 방향에 맞춰 커리큘럼을 짜고 맞춰서 해야 실력이 늘어난다. 그래야 중간에 길을 잃지 않고 자신이 원했던 목표에 좀 더 효과적이고 빠르게 다다를 수 있다.

▍항상 기억하자,
▍영어는 영어일 뿐 한국어가 아니다

알고 있다. 영어는 해도 해도 어렵다. 그렇지만 영어를 한국어 하듯 생각하는 것은 잘못된 영어 공부 습관이다. 영어와 한국어는 문장 구조가 완전히 다른데 생각은 한국말로 하고 문장은 영어로 만들려고 하면 문장이 꼬여 어려울 수밖에 없다.

한국 사람이니깐 당연한 것이다. 한국어로 생각하고 한국어 문장을 만드는 것은 어쩔 수 없지만, 영어 공부를 하거나 영어를 사용할 때는 의식적으로라도 한국어의 어순, 구조 등과 비교하면서까지 사용하지 말자.

필자의 유튜브에서 영작 연습 영상을 보면서 공부하는 사람들이나 예전에 수업을 진행했던 사람들이 공통적으로 말하는 것은, 영작을 하려고 하는데 한국어를 있는 그대로 생각하니 영어 문장으로 잘 써지지 않는다는 것이다.

일단 이것을 인지했다는 것만으로도 많이 좋아졌다고 할 수 있다. 한국어 그대로 생각하며 영어로 문장을 만드는 것이 영작을 위한 방법이 아닌 것을 알았기에 다음 단계로 넘어갈 수 있는 것이다. 영어를 그대로 받아들이고 한국어의 문법이나 틀에 굳이 영어를 끼워 맞추려고 하지 않게 된다.

시간이 오래 걸리고 쉬운 일은 아니지만 영어 공부를 할 때 영어는
한국어가 아닌 영어로 공부하자는 것을 의식적으로 머릿속에 계속 되
뇌자.

다른 방법은 없다,
외워야 하는 건 그냥 무조건 외우자

　새로운 언어를 공부할 때 빠질 수 없는 게 암기(memorization)와 반복(repetition)이다. 단어나 어휘 등은 외워야만 하는 부분이고, 외우기 위해서 반복적으로 연습을 하는 것은 영어 공부의 기본이다. 수업을 하다 보면 '이 표현은 왜 이렇게 문장 구성이 되어 있지? 내가 배운 문법에서는 이런 식으로 나오면 안 되는데 (대부분 문법 공부를 더 많이 하신 분들이 물어본다)'라고 말이다. 그런데 어쩔 수 없다. 그냥 있는 그대로 외워야 한다. 내가 유학간 지 얼마 안 되었을 때 도움을 주시던 분이 이런 얘기를 했었다. 'Crazy English라고. 가끔 영어는 제멋대로라고.'

　모든 언어가 다 그런 거 같다. 어렸을 때 엄마한테, '엄마, 이건 왜 파인애플이라고 불러?'와 같은 질문을 하면 엄마는 항상 '그럼 네 이름은 왜 김지은이야? 그냥 그런 거야'라고 대답해 주셨다. 영어 공부를 하다보면 '왜 이렇게 쓰지? 왜 문장이 이렇지? 어떻게 이게 이 의미지?'라는 질문이 떠오를 때가 많다. 그때는 그냥 생각하지도 따지지도 말고 외우자.

나도 중요하지만 상대방에 대하여도 표현할 줄 알아야 한다

영어 회화 공부를 하는 학생들을 보면 나(I)에 대해서는 자기소개 공부나, 일기 등으로 연습을 많이 하는 편이다. 일단 내가 무엇을 하고 무슨 생각을 하는지 등 나에 대해서 설명을 할 줄 알아야 하므로 자기소개 연습을 많이 한다. 그리고 일단 '나'를 주어로 두고 공부를 하는 것이 영어에 접근하기도 쉽다. 이렇게 영어 공부 초반에는 나에 대하여 말하고 연습하는 것이 좋다.

하지만 기억해야 할 것이 대화는 양방향이다. 상대방이 나에 대해 물어보았을 때, 나에 대한 이야기를 하고 끝내는 것이 아니라 상대방에 대해서 물어보고 되돌아오는 말에 코멘트도 덧붙이며 서로의 대화가 끊이지 않도록 해야 한다.

그래서 1인칭에 대하여 어느 정도 익숙한 사람은 '너' 또는 '그녀/그/그들/우리'에 대한 표현을 할 줄 알아야 한다. 앞서 언급했던 것처럼 이런 부분들도 연습이 되고 자연스러워져야 대화가 오갈 수 있다. 예를 들어서 어제 직장 동료가 한 말에 대해서 말하고 싶을 때, 나의 가족에 대해서 말하고 싶을 때처럼 나에 대한 이야기가 아닌 타인의 상황들도 표현할 수 있어야 한다.

그래서 나는 여러 가지 공부 방법 중 하나인 사진 묘사를 해보라고 추천한다. 아이들이나 하는 공부법이라고 생각을 하는 사람도 있을 것이다. 그런데 막상 해보면 마냥 쉽지만은 않다. 토스나 오픽 등을 공부하는 분들은 '시험'이라는 목적을 위해서 하겠지만, 그림이나 사진 묘사를 하는 것은 회화 능력 향상을 위해서 많은 도움이 된다. 그냥 토픽을 하나 던지고 말하는 것과 사진에 나와 있는 상태나 행동을 묘사하는 것은 전혀 다르다. 내가 써보지 않은 표현들이 수두룩하게 나올 뿐만 아니라 내가 아닌 제 삼자에 대해서 설명하는 데도 큰 도움이 된다. 사진에 있는 상황들을 어느 정도 설명하고 표현할 수 있게 되면 시제도 바꿔가며 연습을 해도 좋다.

사진을 보고 연습

❶ **현재**   Alyssa goes shopping with her friend, Kelly.

❷ **현재 진행형**   Alyssa is shopping with her friend, Kelly.

❸ **과거**   Alyssa went shopping with her friend, Kelly.

❹ **과거 진행형**   Alyssa was shopping with her friend, Kelly.

❺ **미래형**   Alyssa is going to go shopping with her friend, Kelly.

연습 후 나의 일상에 응용

❶ **현재** 언니는 일주일에 한 번 쇼핑 가. 가끔 나도 같이 가.

My sister goes shopping once a week. I sometimes go with her.

❷ **현재 진행형**

언니는 현대백화점에서 옷 쇼핑하고 (구경하고) 있어. 지금 난 언니랑 같이 있어.

My sister is shopping for clothes at Hyundai Department store. I'm with her right now.

❸ **과거** 어제 언니랑 같이 쇼핑 갔어. 재미있었어.

My sister and I went shopping together yesterday. We had fun.

❹ **과거 진행형**

어제 언니가 쇼핑하다가 (쇼핑 중에) 전 남자친구와 마주쳤어.

Yesterday, my sister was shopping and she ran into her ex-boyfriend.

❺ **미래형**

언니는 다음 주 월요일 날 쇼핑갈 건데 나도 같이 갈 거야.

My sister is going to shopping next Monday and I'm going to go with her.

사진 묘사 외에도 우리가 잘 알고 있는 롤플레잉(role-playing)도 상대방에 대하여 말하거나 회화 연습에 도움이 많이 된다. 영어 회화는 양방향 소통이기 때문에 혼자 하는 것보다 다른 사람과 함께 하는 것이 좋다. 일상에서 충분히 있을 법한 상황들을 연출하여 연습하면 일상생활 영어 회화에 도움이 될 수 있다.

단어나 표현을 공부할 때
Always study with context

공부한 단어나 표현을 일상에서 사용하지 못할 때가 많다. 한국어가 아직 어눌한 나는 뉴스를 보면 이틀에 한 번 모르는 단어가 최소 하나씩은 나온다. 그럼 옆에 있는 사람에게 두 가지 질문을 한다. 첫 번째는 '○○○이 무슨 뜻이야?' 무슨 뜻인지 상대방이 설명을 해주면 두 번째 '문장에 방금 단어를 사용해서 말해줄 수 있어?'라고 한다. 이렇게 해야 대충 어떤 뉘앙스로 사용하며, 어떤 상황에서 어떻게 사용하는지를 제대로 기억해 둘 수 있기 때문이다.

영어 단어나 표현을 외울 때도 동일하다. 그냥 단어와 뜻만 외우면 일상에서 제대로 사용하지도 못할뿐더러 완전히 내 것으로 만들지도 못한다. 그래서 '올쏘의 영어' 블로그에 올리는 표현들도 최대한 예문에 신경을 써서 올리는 편이다. 최대한 일상에서 진짜 나올 법한 상황에서 사용할 표현을 제시한다.

영어 단어나 표현 등을 공부할 때 'apple = 사과'로만 외우지 말고 단어를 넣은 문장도 만들어 보길 바란다. 그렇다고 책에 나올 법한 딱딱한 문장, '사과를 아침에 섭취하는 사람들은 영양분을 최대한으로 흡수할 수 있다'와 같은 문장이 아닌 '사과를 아침에 먹으면 건강에 좋대', '난 사과 먹을 때 껍질째 먹어'와 같은 일상적인 내용이나 상황으로 문장을 만들어 보는 것이 좋다.

그리고 관용구를 통으로 외우고 표현만 외운다고 끝은 아니다. 어떤 상황이나 뉘앙스로 표현하고 사용하는지도 알아야 한다. 하나의 단어는 여러 가지 의미를 포함하고 있어서 내가 알고 있는 단어가 아닌 전혀 다른 의미로 쓰일 때가 종종 있다. 한국어도 마찬가지지만 상황에 따라 단어나 표현이 다른 의미로 쓰일 수 있다는 부분을 충분히 고려해두는 것이 좋다.

문법 공부만 하다가는 지친다, 무. 조. 건

Grammar is not everything. I cannot stress that enough.

문법이 다가 아니다. 영어는 공식이 아니다. 수학 문제를 풀기 위해 공식을 외우듯 문법만 공부한다고 절대 되지 않는다. 문법을 아예 무시할 수는 없지만 수학 공부하듯 영어 공부를 한다면 금세 흥미도 잃을 것이고, 실제로 대화를 하다 보면 문법에 딱딱 맞춰지지 않는 형태의 문장과 표현들도 셀 수 없이 많다.

물론 미국 대학 진학을 준비하거나 토익 시험 등을 준비할 때는 문법 위주의 공부도 해야 하지만, 일상 회화가 목적인데도 불구하고 문법 위주로 공부를 하다 보면 금방 지친다. 문법 위주로만 공부하면 원어민이 하는 말의 반도 이해하지 못하는 경우가 비일비재하다. 영어가 어려운 이유 중 하나가 영어는 문법 위주가 아닌 표현 위주로 말하기 때문이다. 영어 공부를 하는 사람들은 알고 있겠지만, 원어민은 표현으로 대화를 해나가는 부분이 많아서 문법적으로 이해하려고 하면 풀리지 않는 궁금증만 더 생길 것이다.

처음 영어를 시작할 때는 당연히 문법을 무시할 수 없다. 기초적인 문법은 알아야 문장을 만들어 나갈 수 있기 때문이다. 하지만 기초적인 문법을 습득한 후 영어 스피킹/리스닝 레벨을 향상시키기 위해서는 문법 위주의 공부보다는 습득한 기초 문법으로 문장을 만들고 응용하고 바로 바로 나올 수 있게 마스터링(mastering) 하는 연습을 하는 것이 더 중요하다.

문법으로 영어 공부를 시작한 사람들은 토익 같은 시험 점수는 높을 수 있으나 오픽 같은 스피킹 시험 점수가 낮거나 일상 회화에는 말이 느리게 나오는 사람들이 많다. 수학처럼 문법을 공식화해서 공부를 했기 때문에 문법 위주의 시험에서는 점수가 높지만 스피킹 시험 점수는 매우 낮을 수밖에 없다. 물론 문법 위주의 영어 공부 스타일이 잘 맞는 사람도 있겠지만, 회화가 목적이라면 목적에 맞게 더 효율적으로 공부할 수 있는 방법은 따로 있다는 것을 인지하고 공부 방법을 바꿔보기를 추천한다.

기초 문법은 꼭 알아야 하지만 일상에서 외국인과의 대화를 위해 영어 공부를 하거나 해외여행을 가고, 책이나 미드, 영화를 즐기기 위해서는 굳이 몰두하여 문법에 집중할 필요는 없다는 뜻이다. 일상 영어를 배우고 싶은 사람들이 문법 공부 때문에 영어에 흥미를 잃거나 겁부터 덜컥 내지 않았으면 한다.

문법 공부를 해야 하거나 왕초보 대상인 사람들이 영어 공부를 시작하려 한다면 복잡하게 생각하지 말고 다음 중 ❶~❻까지만 공부하자. 그 정도면 충분하다.

❶ **present tense**　현재
❷ **present continuous**　현재 진행
❸ **past tense**　과거형
❹ **past continuous**　과거 진행
❺ **used to**　어린 시절 등 과거의 상황 묘사
❻ **future tense**　미래

초급에서 중급으로 가기 위해 필요한 추가적인 문법
❼ 형용사절 만들기
❽ 조동사

친구와 오랜만에 카페에서 대화를 나눌 때 대충 어떻게 지냈는지, 못 본 사이에 무엇을 했고 어떻게 바뀌었는지, 이 카페에는 주로 어떤 메뉴가 맛있는지, 요즘 뭐하고 지내는지, 가까운 미래에 여행 등의 계획이 있는지, 요즘 무엇이 유행인데 그건 어떤지 등 이런 얘기가 오갈 것이다.

대부분의 사람들은 이런 일상적인 영어 회화를 위해 영어 공부를 하는데, 그렇다고 방대하고 많은 문법을 다 공부할 필요는 없다. 일단 대화에 필요한 기초 문법만 알고, 앞에서 나온 ❶~❻만 제대로 활용할 수 있어도 할 수 있는 말은 무궁무진하다. 내가 문법 2~30가지 모두를 공부하는 것이 중요한 것이 아니라 배운 기초 문법들을 마스터해서 자유자재로 사용할 수 있는지가 가장 중요한 포인트다.

나 요즘 요가 하고 있어. 처음에는 너무 몸이 아팠는데 지금은 괜찮아. 예전에는 정말 몸이 유연했는데 지금은 아니야. 아무튼 오늘 너랑 만나는 거 엄청 기대했어. 우리 얘기할 게 엄청 많아. 이 카페는 처음이야. 여기는 라떼가 맛있다고 들었어. 너는 요즘 뭐 해? 일은 어떻고? 나는 회사 관둘까 생각 중이야. 항상 늦게 까지 일하고 항상 피곤해. 몇 달 쉬고 싶어. 어제는 일하는데 갑자기 코피가 났어. 너무 놀랐어. 옆에 직장동료도 놀랐었고. 주말에 좀 더 생각해보려고.

예문 ❶

I'm doing yoga these days. ❷ At first my body hurt ❸ but it's okay now. ❶ I used to be very flexible ❺ but now I'm not. ❶ Anyway, I really looked forward to seeing you today. ❸ We have lots of things to talk about. ❶ It's my first time at this cafe. ❶ I heard latte is really good here. ❸, ❶ What are you doing these days? ❷ How's work? ❶ I'm thinking to quit work. ❷ I work late all the time and I'm always tired. ❶ I want to take several months off. ❶ Yesterday, I was working and all of a sudden, I had a nose-bleed. ❹, ❸ I was so surprised. ❸ My colleague next to me was also surprised. ❸ I'm going to think about it more during the weekend. ❻

6가지 문법으로 만든 내용이다. 물론 현재 진행형(present continuous) 대신 현재 완료 진행형(present perfect continuous)을 사용하거나 더 난이도가 높은 문법을 사용할 수도 있지만, 6가지 문법으로 기초 레벨에서 기초적인 문법을 제대로 활용하여 내가 하고 싶은 말을 전달하는데 문제가 없다.

최근에 일은 과거 시점부터 최근까지 진행되고 있으니까 현재 완료 진행형(I + have + been + ~ing)을 사용해야 하는 것이 아닌가 싶지만, 이렇게 머릿속으로 계산하다 보면 제대로 답할 수 있는 시간조차 놓친다. 일단 기초적인 문법을 제대로 활용하고 예문처럼 완벽하게 섞어서 사용하는 것을 마스터한 다음, 그 다음 단계로 나의 영어 실력을 조정(fine tune) 하는 것이 좋다.

물론 이 6가지 문법만 안다고 다 되는 건 아니다. 당연히 단어 공부도 해야 하고 표현 공부도 해야 한다. 하지만 처음부터 상급 문법까지 신경 쓸 필요가 없다는 것을 말해주고 싶다.

예문 ❷

I've been doing yoga recently. At first my body ached all over but it's getting much better now. I used to be so flexible but I'm not how I used to be anymore. Anyways, I really looked forward to catching up with you today. We have a lot of catching up to do. It's my first time at this cafe. I heard latte is really good here. What have you been up to? Work is good? I'm considering quitting work. I've been working late for the last several months and I'm always tired. It's always work and home and then work and home again. I want to take several months off. You wouldn't believe it. Yesterday, I was working and all of sudden, I had a nose-bleed. I was so surprised and my colleague who sat next to me was also surprised. I'm going to think about it more during the weekend.

예문 ❶과 예문 ❷를 비교해보면 예문 ❶은 ❶~❻의 기초 문법을 사용해서 의사 표현을 전달한 것이고, 예문 ❷는 더 복잡한 문법들을 추가해서 의사 표현을 전달한 것이다. 기초를 다지고 난 후 기초 문법 사용하는 것이 좀 더 쉽고 자유자재가 된 후에 나의 문장을 조금씩 더 정교하게 만들어 나갈 수 있는 현재 완료 시제 등의 좀 더 복잡한 문법을 공부하면 더 빠르고 쉽게 습득할 수 있다.

특히 예문 ❶과 예문 ❷의 차이점은 문법보다는 표현력에 차이가 있다. 기초 문법을 다지면서 원어민이 많이 사용하는 표현을 외우고 상황에 맞게 사용할 줄 아는 것이 영어 회화에 훨씬 도움이 된다. 문장을 더 풍부하게 만들어 주고 싶다면 ❼, ❽의 문법과 다양한 영어 표현을, ❶~❻의 기초 문법 후 공부하면 된다.

완전 영어 기초가 아니라면
영어 사전을 최대한 멀리하라

영어 해석할 때 도무지 진도도 안 나가고 영어 책 한 권을 읽는 것이 거의 불가능한 것이 아닌가 싶기도 하다. 이럴 때는 어떻게 하면 좋을까? 나 역시 영어로 된 책을 읽을 때 그랬다. 처음에는 한 문장에 모르는 단어가 거의 다였기 때문에 그때 그 시절의 전자사전에 단어 하나하나 쳐가면서 책 글 사이에 뜻을 써가면서 읽다보면, 2시간 동안 3~4페이지밖에 읽지 못했다. 그렇다고 해서 제대로 이해한 것도 아니고 찾았던 단어를 다시 보면 뭔 뜻이었는지 생각도 안 난다. 그럼 또 다시 처음으로 돌아갔다. 물론 영어를 정말 모르는 왕초보일 때는 어쩔 수 없다. 하나하나 찾아보는 수밖에.

영어를 해석할 때는 단어 하나하나를 뜯어보는 게 아니라 문장 전체를 두고 보는 게 가장 효율적이다. 내가 수업할 때 가장 많이 하는 말 중 하나가 영어는 대부분 주어, 동사로 시작하는데, 3~4줄 되는 문장을 읽고 나면 도대체 무슨 말인지 몰라서 일단 모르는 단어의 뜻을 먼저 찾아보기 급급해 한다. 그렇게 읽다보면 단어 하나하나를 뜯기 마련인데, 이럴 때는 주어, 동사를 먼저 찾고 그 다음 차근차근 모르는 단어들을 찾아보는 접근이 좋다. 단어의 뜻을 알기 위해 하나하나 사전을 펼치다가는 지친다. 그래서 일단 모르더라도 계속 읽어나가고 큰 덩어리로 이해를 하려고 노력한 후 더 디테일하게 들어가면서 공부를 하길 바란다.

영어 공부는 마라톤처럼 꾸준히 하는 것이 중요하다

누구나 잘 알고 있겠지만 영어는 꾸준함이다. 모든 언어 공부가 그렇듯 3개월 배운다고, 6개월만 공부한다고 영어를 잘 할 수 없다. 만약 3~6개월을 집중해서 배웠다 하더라도 그 후 꾸준히 영어를 쓰지 않는다면 얼마 지나지 않아 다 잊어버린다.

실제로 처음 영어를 시작하는 학생들이 열심히 공부할 것 같지만, 오히려 영어를 어느 정도 하는 중급 이상인 학생들이 더 꾸준히 수업을 듣는다. 기초인 학생들은 처음에 열정이 넘쳐 열심히 하다가 식어버릴 때도 많고, 어정쩡한 레벨의 학생은 자리를 못 잡고 포기하도 한다. 물론 자신의 실력과 상관없이 열심히 하려고 하는 사람들이 더 많지만 말이다.

그래서 영어를 어느 정도 하는 사람들은 영어 공부를 장기적으로 생각하고 시작하길 바란다. 영어가 자연스럽게 모국어만큼 바로 나오지 않더라도 대화가 되고, 중간에 좀 쉬더라도 영향을 받지 않는 단계까지 도달하려면 꾸준하게 공부하는 것이 중요하다.

Reading : 영어 책 읽기

영어 원서를 읽어 본 적이 있는가? 여기서 권수가 중요한 것이 아니라 원서 책을 읽느냐 안 읽느냐가 중요하다. 미드, 팟캐스트, 유튜브, 책 등의 다양한 영어 공부 방법 중에서 자기만의 영어 방법을 찾는 것은 굉장히 중요하다. 개인적으로 '읽기'가 매우 중요하다고 생각한다. 책을 읽으면서 습득하는 표현, 단어 문장 구조의 이해나 해석을 해나가는 능력은 다른 공부 방법에서는 습득하기 어렵기 때문이다. 문장을 빨리 해석하는 능력을 키우기 위해서 독서만한 공부 방법이 없다.

그런데 막상 '읽기'를 하라고 하면 대부분 어려운 영문 기사 읽기, 칼럼 읽기 등을 생각하는데, You need to take baby steps. 한 발 한 발 나아가는 것이 중요하다. 내 실력이 초보라면 아이들 책부터 읽어야 한다. 쉽고 재미있는 책부터 시작하는 것이 가장 첫 단계이다. 디즈니 애니메이션을 좋아하면 디즈니 애니메이션 책으로 시작하면 된다. 이미 내용을 알고 있어서 책으로 읽다보면 눈치로 어느 정도 내용을 파악할 수 있고, 영화의 대사가 그대로 나오기도 해서 영화와 비교해가면서 읽는 재미도 있다. 성인이기 때문에 신문기사나 난이도가 있는 책을 읽어야 한다는 부담을 줄이자.

스피킹 & 리스닝
○ 스피킹 vs 리스닝, 뭐부터 하지?
스피킹이 중요할까 리스닝이 더 중요할까? 둘 다 똑같이 중요하지만 더 원활한 회화를 해나가기 위해서는 결국 리스닝이 되어야 한다. 많은 사람들이 공감을 하는 부분이다. 해외여행을 가서 말(스피킹)을 어느 정도 하기에 현지생활을 하면 잘할 줄 알았는데, 꿀 먹은 벙어리 같은 영어 실력에 실망하고 왔다는 사람들이 의외로 많다. 결국 상대방이 뭐라고 하는지 모르니 나는 말할 준비가 되었지만, 말 한마디 못하고 아는 말도 못하는 것이다.

스피킹은 문장은 아니지만 단어라도 던지면 내가 하고 싶은 말에 조금 근접할 수 있다. 하다못해 단어, 문장이 생각이 안 나면 제스처, 바디 랭귀지로 하면 된다. 하지만 리스닝은 듣지 못하면 아예 말하지도 못한다. 그러니 리스닝과 스피킹 공부를 같이 해야 한다.

○ 말이 바로 안 나오는 사람들은 스피드 공부를 추천한다

막상 보면 쉽게 할 수 있을 것 같은데 말할 순서가 되면 머리에서 맴도는 단어들의 조합도 잘 안 되고 그게 입으로 나오는 것도 쉽지 않다. 어느 레벨에나 다 유용한 연습 방법이지만 특히 머릿속 문장이 입으로 나오기까지 너무 오래 걸리는 사람들은 TIMED 스피킹을 연습하라고 한다.

일상에서 나올 만한 말 (내가 일상에서 자주 말하는 게 뭔지 생각해보고 20개 정도 문장을 먼저 준비해두는 것도 괜찮다) 20개 정도를 준비한다. 학생에게 20개의 문장을 필기 없이 입으로만 완벽하게 문장이 나올 수 있게 연습을 한다.

영어 공부를 오래 했는데도 불구하고 일상에서 공부한 만큼 영어를 활용하지 못하는 사람들이 있다. 이런 사람들은 중간에 영어 공부가 갑자기 재미없어지고 지칠 수가 있다. 그래서 일상에서 쓸 만한 표현들을 연습하라고 한다.

'오늘 커피는 내가 살게', '나 너무 더워서 밑에 내려가서 스벅에서 아메리카노 한 잔 사올게'처럼 지극히 일상적인 문장들로 2~30개 정도 준비하고 분량에 맞춰 2분 또는 3분의 시간 제한을 두고 그 안에 문장을 완벽하게 만들라고 한다. 이 연습을 할 때 그냥 20문장을 말하는 것이 아니라 즉시 바로바로 문장이 나올 수 있도록 연습하는 것이다. 완벽한 문법에도 신경을 쓰면서 말이다.

결코 쉽지 않고, 처음에는 시간 내에 말하기도 어렵다. 하지만 주어진 시간 내에 랩을 하듯 20개 문장을 완벽하게 만들어 냈을 때 성취감도 매우 크게 느껴진다. 이렇게 연습을 하고 난 후 일상에서 카페를 갔는데 영어로 문장이 자연스럽게 불쑥 떠오른다고 생각하면 얼마나 좋을까? 생각만 해도 미소가 지어진다.

○ 입이 떨어지지 않는 영어는 죽은 것이다

눈으로 읽을 수 있고 대충 이해도 가며 영작도 할 수 있는데, 왜 상대와 마주앉아 대화를 하려면 영어가 입 밖으로 나오는 않는 건지? 다들 느낄 것이다. TV로 축구경기를 보다가 답답해하며 '이렇게 했어야지, 이래야 했는데'라고는 하지만, 막상 내가 축구 경기를 뛰고 있는 선수라면 생각할 것이다. '아, 생각보다 쉽지 않네, 보는 것처럼 쉽지 않아.' 하지만 여러 번 시합을 뛰어보고 기술을 시도하다 보면 말로만 했던 그 기술이나 행동이 쉽게 될 때가 있다.

영어도 똑같다. 눈으로만 읽다 보면, 나도 이런 문장 만들 수 있을 뿐더러 다 이해가 된다. 하지만 눈으로만 보는 것은 도움이 되지 않는다. 즐겨보는 미드에서 'It was good running into you today'를 들었다고 치자. 저 문장을 노트에 쓰고 밑에 '잇 워즈 굿 뤄닝 인투 유 투데이'라고 쓴 다음 그 옆에 '오늘 마주쳐서 (run into = 계획 없이 갑자기 마주치다) 너무 좋았어'라고 써도 완전히 내 것이 되지 않는다.

입으로 문장을 통으로 외우기 위해 말로 몇 번 연습해보고 나의 발음과 원어민의 발음도 비교하면서 연습하고 말해보고 또 들어보는 (조금 더 나아가서는 내 목소리를 녹음해보고 내 귀로 들어본 후 고쳐가고) 과정이 있어야 결국 실전에서 써먹을 수 있게 된다.

언어를 배우는 건 쉽지 않다. 아기가 태어나서 말을 하기까지, '엄마', '아빠', '할머니'라는 단어를 아기가 이해하고 입에서 나오기까지 주변 사람들은 '엄마'를 몇 번이고 되뇌었을 것이며, 얼마나 자주 '엄마'를 귀로 듣고 입으로 웅얼웅얼했을 아기를 상상해보라.

성인이 되어서 말을 배우는 것도 결국 똑같다. 호기심이 가득한 아기처럼 미드, 라디오, 원어민, 영어 선생님 등으로부터 나오는 영어를 머리로만 듣고 끄덕이지 말고, 귀로 듣고 입으로 수십 번 내뱉어 보자. 처음에는 랩을 하듯 입이 꼬여 발음도 잘 안 되겠지만 몇 번 연습을 하다 보면 자연스러워진다. 그리고 입으로 단어나 문장을 내뱉는 만큼 내 귀에 들릴 것이고 그 문장이 내 것이 될 것이다.

눈으로만 보지 말고 소리 내서 말하고 읽자. 내 목소리를 내 귀로 들어봐야 한다. 요즘은 핸드폰 녹음기로 녹음을 하며 영어 회화 연습을 하는 사람들이 많다. 회화가 목적이라면 나의 영어 목소리는 어떤지, 나의 영어 습관, 스타일은 어떤지 알아야 한다. 눈으로만 본다고 해서 입이 뜨이고 귀가 뚫리지 않는다. 내 목소리로 내 입으로 말을 해봐야 하고, 다른 사람들이나 다른 매체를 통해 다른 사람들의 목소리도 들어봐야 입도 귀도 뜨이고 뚫린다. 핸드폰의 녹음기와 친해지자. 영어 회화 공부에 절대적으로 필요한 기능이다.

○ 영어, 부딪혀야 실력이 향상된다! 무조건 많이 듣고 말하고 익혀라

결국 영어는 많이 접해야 실력이 향상된다. 어쩔 수 없다. 어리면 더 빨리 배우니까 다르다고 말하는 사람도 많은데, 맞는 말이기도 하고 맞지 않는 말이기도 하다. 나는 유학을 가서 현지 초등학교에 한국인은 언니와 나 그리고 중국인 2~3명 있는 사립학교를 다녔다. 주위에 한국 사람들이 없어서 어쩔 수 없이 영어로만 소통하고 부딪혔다. 그러면서 영어에 대한 두려움이 없어지고 귀가 뜨이고 입이 열렸다.

일단 영어를 많이 접해야 한다. 어떤 방법을 쓰든 무조건 영어를 접해야 한다. 이태원에서 틀린 영어라도 외국인과 아무 말이나 계속 대화를 해도 좋다. 미드, 영화를 많이 보면서 연습을 하거나 수업을 듣거나 어떤 방법을 동원하더라도 영어를 최대한 많이 접하길 바란다.

발음 공부, 이렇게 해보자

모두들 자신만의 공부 비법이 있겠지만, 내가 유학 시절을 겪으면서 다년간 초·중·고등학생과 성인에게 영어를 가르치면서 터득한 영어 공부 노하우를 간략히 정리해본다. 혹시라도 공부하는 사람들에게 도움이 되었으면 한다.

발음 팁 : 목의 울림을 느껴라

한국어는 소리나는 대로 발음을 하기 때문에 상대적으로 영어 발음을 어렵게 느끼는 분들이 많다. 그런 사람에게는 단어 발음을 할 때 손으로 목을 만져 보라고 한다. 목을 만져 보면서 발음 연습을 하면 도움이 되기 때문이다. 울림이 어떻게 느껴지는지 목에다 손을 대고 몇 번의 울림이 있는지 등을 느껴 보게 만드는 것이다. 이렇게 하지 않으면 귀로 틀린 발음과 올바른 발음의 차이를 듣긴 하지만, 실제 입으로 소리를 낼 때 올바른 발음을 하려면 어떻게 해야 하는지 모르는 분들이 많다.

'contents'를 발음해 보자. 한국인은 주로 콘텐츠(컨이건 콘이건 일단 무시하고)라고 '콘-텐-츠-'라고 할 것이다. 지금 손을 목에 가져다 대고 'contents'를 원래 하던 방식으로 발음해 보자. 손에 느껴지는 울림이 몇 번인가? 아마 세 번일 것이다. 그런데 'contents'의 올바른 울림 수는 두 번이다. '콘-텐츠-'처럼 말이다. 이 차이를 가장 쉽게 느낄 수 있는 방법은 목을 만져 보는 것이다.

수업을 하면서 몇 십 번을 해도 안 되는 발음들의 미세한 차이를 어떻게 알려줘야 할까 생각하다가 목을 만져서 자신의 발음을 느끼게 만드는 것이었다. 발음의 차이를 알아야 어떤 부분에 차이가 있는지 알고 발음을 고치는 데도 시간을 줄일 수 있다.

발음 팁 : 박수를 치며 음절을 파악하라

목을 만지는 것과 비슷하게 박수를 치면서 발음 연습을 하면 발음 연습이 조금 더 쉬워진다. 초등학교 때 파닉스(phonics) 공부를 할 때도 그랬고 단어 테스트(spelling test) 전 단어의 음절(syllable)이 몇 개인지 공부할 때도 나는 박수를 치면서 했다. 실제 학교에서도 음절이 몇 개인지를 써야 하는 숙제를 할 때도 박수를 치면서 하라고 배웠다.

음절을 셀 때 박수를 치면 유용한데, 특히 발음 연습할 때 도움이 된다. 성인 영어 회화 수업을 할 때 성인들이 박수치는 자신들의 모습이 어색하고 웃긴지 수업이 굉장히 유쾌해진다. 아마 박수를 쳐도 손, 목소리, 발음이 따로 놀 때가 많아서 그렇다.

'drive'의 음절을 '드-라-이-브-'로 발음하며 4개라고 생각할 수 있다. 그러나 'drive'의 음절은 하나다. 이런 차이를 그냥 입으로 해본다고 해서 쉽게 고쳐지지 않는다. (물론 고쳐지는 사람도 있겠지만) 그래서 발음을 교정할 때 목을 만지고 박수를 치며 연습하라고 한다.

발음 팁 : 연음 연습은 필수다

원어민처럼 말하고 원어민이 하는 말을 듣고 싶다면 연음 연습은 필수다. 물론 원어민이 말하는 속도도 빠르지만, 연음 때문에 원어민의 말이 안 들리는 것도 큰 부분을 차지한다. 연음도 원어민이 말하는 것만 들어서는 터득할 수 없는 부분이다. 원어민의 연음을 듣고 내 입으로 직접 연음을 연습하고 내 연음이 원어민 연음과 비슷한지 뭐가 다른지 등의 차이를 들어보면서 공부해야 되는 부분이다.

원어민은 절대 또박또박 말하지 않는다. 토익이나 학원 레벨 테스트를 할 때처럼 또박또박 발음하지 않는다. 주로 연음으로 말하기 때문에 리스닝이나 스피킹 연습을 할 때 연음 연습을 하지 않는다면 아무리 공부한들 한 마디 알아듣지도 말하지도 못할 것이다.

영작을 위해
일기부터 써보자

　그림을 그리고 싶어 준비를 다 해놓고 나면 무엇을 그려야 할지 고민하다가 결국 그림을 못 그리게 되는 경우가 많다. 영작도 마찬가지다. 숙제처럼 주제가 주어지지 않는다면 영작을 연습하고 싶어도 뭐에 대해 써볼까 고민하다가 끝날 때가 많다. 어떤 레벨의 영어 실력이든 '영작 연습'을 위해 일기를 써보라고 추천한다. 일기는 자신에 대한 이야기나 일상의 이야기를 자연스럽게 하고, 영작 실력을 향상시키기 위해서는 정말 좋은 방법이다.

　단 공부의 목적이 무엇인지에 따라 일기를 어떻게 쓰는지도 달라져야 한다. '영작'을 잘하는 것이 목적, 목표라면 일기를 쓰는 것이 좋고, '스피킹'이 목적이라면 일기를 글로 쓰는 것이 아닌 발음과 말하기를 연습해야 한다. 또 내가 어떤 실수를 하는지, 전반적인 나의 영어 실력, 뉘앙스 등을 알고 싶다면 나의 일기를 직접 녹음해서 들어보는 것도 효과적이다.

　성인 영어 회화 수업을 할 때 항상 고수하던 숙제 중 두 가지는, 일기 녹음과 그날의 어휘 암기하기다. 일기 녹음을 처음 해 보는 사람들은 자기 목소리를 듣는 것을 엄청 어색해하고 부끄러워한다. 하지만 어색하더라도 자신의 목소리를 들어봐야 나의 영어 습관(좋은/나쁜 둘 다)에서 계속 틀리는 부분, 잘하는 부분, 어색한 부분 등을 찾아서 고칠 수 있다.

일기를 추천하는 이유

일기는 무슨 내용을 써야 할까 주제에 대한 고민 없이 오로지 영작 하는 데에 집중할 수 있다.

사람들이 가장 쉽게 느끼는 시제는 과거 시제이다. 일기는 주로 밤 시간에 그날 하루에 일어난 일이나 감정을 기록하는 것이므로 과거 시제를 주로 사용한다. 사람들이 쉽게 이해하는 시제를 먼저 활용하여 영어 문장을 만들어 영작이나 스피킹 연습을 하게끔 만들어준다.

왕초보에서 벗어나 어느 정도 단어나 시제를 익힌 사람들에게 일기를 쓸 때 '오늘 뭐 했는지'에 대한 기록과 '내일 뭐 할지'에 대한 계획도 함께 기록하라고 한다. 과거 시제와 미래 시제를 함께 연습할 수 있게 말이다.

앞서 말한 내용을 기록하고 나서 마지막으로 그날에 대한 감상도 기록하라고 말한다. 감상을 넣을 때는 과거 시제를 사용하겠지만, 일반적으로 자신이 느끼는 감정이나 감상을 말하는 부분도 있기 때문에 현재 시제도 함께 작성하게 된다. 여러 가지 시제, 어휘, 표현들을 하나하나씩 추가해 나가면서 복합적인 연습을 하게 할 수 있는 일기는, 소소한 듯 강력한 공부 방법이 될 수 있다. 물론 처음부터 계획도 넣고 감상도 넣어서 기록할 수 있겠지만, 처음부터 너무 많은 것을 하려고 하면 지치게 된다. 한 가지씩 차근차근 틀리지 않고 올바르게 할 수 있는 연습을 해나가는 것이 중요하다.

처음 시작하는 초보자는 크게 부담을 갖지 말고 일단 '오늘 뭐 했는지'라도 영어로 써보는 연습을 하자. 내가 오늘 한 것이 없고 종일 집에 누워만 있었다 해도 상관없다. 대신 '오늘 아무 것도 안 해서 쓸 말이 없다'는 핑계는 대지 말자.

○ 레벨 | 왕초보/초급

문장이 뭔가 자연스럽게 이어지지 않고 뚝뚝 끊어지듯 짧은 문장으로 일기가 쓰여 지고 문법적으로는 맞지만, 원어민이 사용하는 표현은 아직 모르는 단계지만 연연할 필요 없다. 다만 어렵지 않으니 한 달이라도 꾸준히 해보자. 영어는 눈으로 보는 것이 아닌 직접 해봐야 하는 언어라는 것을 계속 강조해왔다. 짧아도 일단 쓰자.

> 오늘 아침에 나는 오전 10시에 일어났다. 일어난 후 나는 아침을 먹었다. 아침식사 후 나는 아메리카노를 마셨다. 귀찮아서 나는 오늘 5시간 동안 TV를 봤다.
>
> Today morning, I woke up at 10am. After I woke up, I had breakfast. After breakfast, I drank Americano. I was lazy so I watched TV for 5 hours.

○ 레벨 | 초보/초중급

좀 더 다양한 표현을 추가로 할 수 있고 문장을 조금 더 부드럽게 연결하고 말할 수 있을 것이다.

오늘 아침에 나는 오전 10시에 일어났다. 그 전날 밤에 늦게 자서 늦게 일어났다. 일어난 후 나는 씨리얼로 아침을 먹었다. 아침식사 후 나는 여전히 졸려서 아메리카노를 마셨다. 오늘 나갈 계획도 없었고 귀찮아서 나는 오늘 하루 종일 TV를 봤다.

This morning, I got up at 10am. I went to bed late the night before so I woke up late. After I got up, I had cereal for breakfast. I was still sleepy even after breakfast so I had Americano. I didn't have any plans to go out and I was lazy so I just watched TV all day long.

○ 레벨 | 중급/상급

앞서 내용에 덧붙여 자신이 느낀 생각이나 다음날 무엇을 할 건지에 대한 미래의 계획도 넣을 수 있다.

> 오늘 아침에 나는 오전 10시에 일어났다. 그 전날 밤에 늦게 자서 늦게 일어났다. 요즘 드라마를 연달아 보고 있어서 맨날 늦게 잔다. 이러면 안 되는데! 일어난 후 나는 씨리얼로 아침을 먹었다. 아침식사 후 나는 여전히 졸려서 아메리카노를 마셨다. 오늘 나갈 계획도 없었고 귀찮아서 나는 오늘 하루 종일 TV를 봤다. 내일은 친구와 강남에서 약속이 있다. 오랜만에 보는 친구라 기대된다.
>
> This morning, I got up at 10am. I went to bed late the night before so I woke up late. I've been binge-watching dramas so I've been sleeping late at night. I shouldn't be doing this! Anyway, after I got up, I had cereal for breakfast. I was still sleepy even after breakfast so I had Americano. I didn't have any plans to go out and I was lazy so I just watched TV all day long. Tomorrow I'm meeting a friend in 강남. I haven't seen her in a while so I'm pretty excited to see her.

대부분의 사람들이 '중급/상급'의 표현을 하고 싶겠지만 처음부터 너무 욕심내면 어려워서 하기 싫어진다. 욕심은 금물이다. 부자연스러워도 괜찮다. 계속, 꾸준히 연습하는 것이 가장 중요한 포인트이다.

맨날 똑같은 말만 한다고 생각할 수도 있지만, 일기쓰기 전에 한 번만 생각해보자. 자주 사용하는 문장이 얼마나 자연스럽게 빠르게 나왔는지 말이다. 바로 바로 나오지 않더라도 차근히 한 단계씩 나아가다 보면

분명 어려움은 겪겠지만 처음 썼던 일기와 비교해보면 아마 늘어난 실력에 깜짝 놀랄 것이다.

영작,
일상적인 문장으로 시작하자

영작은 일상에서 사용할 만한 문장으로 연습을 시작해보는 것이 중요하다. 스피킹을 연습하려고 해도 아직 문장을 만들기 어렵거나 스피킹으로 바로 이어지는 것이 어렵다면 영작 연습부터 해보길 바란다. 지금 필자가 운영 중인 '올쏘의 영어' 유튜브 채널에서도 중점을 두고 있는 부분은 영작 연습에 관한 것이다.

일상에서 나올 만한 문장 10개 정도를 한국어로 제공한다. 필자의 유튜브 구독자들에게 영어 문장을 만들어 보라고 한 후 필자가 만든 문장들과 설명을 비교하고 확인해보라고 이야기한다. 일상에서 사용할 법한 문장이기 때문에 영어 공부에 대한 만족도가 높고 실용적이며, 문법 위주의 공부가 아니라서 큰 부담 없이 공부할 수 있을 것이다.

영작 연습을 할 때 스스로 많이 사용하는 문장이 무엇인지 한국어로 먼저 적어보고 영어로 만들어 보는 연습이 눈으로만 보거나 머리로만 생각하는 것보다 큰 도움이 된다.

스피킹이 중요한
사람들에게

스피킹이 목적이라며 일기를 쓰지 말고 녹음을 하라고 한다. 준비 시간이 필요하다면 30초~1분 정도 오늘 하루 무엇을 했는지 머릿속으로 준비할 수 있는 시간을 가진 후 말로 일기를 녹음하라고 한다.

스피킹을 연습하고 싶은 사람들이 절대 하면 안 될 것은 무슨 말을 할지 종이에 적는 것이다. 상대방과 영어로 대화를 할 때마다 종이와 펜을 들고 '잠깐만, 나 무슨 말할지 정리를 좀 할게'라고는 할 수 없지는 않은가. 그래서 애초에 시작할 때부터 종이와 펜의 유혹을 떨치고 시작하라고 이야기한다.

그러나 바로 말하는 것이 어려운 사람에게는 종이에 적되 오늘 하루무엇을 했는지를 동사 위주의 단어로만 적자.

일기를 녹음할 때는 30초에서 1분을 넘지 않게 한다. 30초~1분 동안 녹음을 할 때는 생각하는 시간은 없고 계속 말을 이어서 해야 한다. 실제로 사람들 앞에서 말할 때처럼 녹음을 해야 한다. 그러다 보니 처음 녹음을 두세 번만으로 끝내는 것이 생각처럼 쉽지 않다. 몇몇 사람들은 20번 넘게 녹음을 하기도 한다. 결국은 반복과 연습이 동반되어야 실력이 느는 것이다. 이 방법을 몇 십 번 반복하다 보면 실력이 안 늘 수가 없다.

녹음한 일기는 본인이 다시 한 번 들어보는데, 분명히 틀린 부분이 있을 것이다. 틀린 부분이 있는지 없는지를 구분할 수 있게 되기까지도 시간이 걸리겠지만, 앞에서도 이야기했듯이 '내 목소리로 내가 녹음한 영어 문장'을 들어봐야 나의 영어 습관을 파악하고, 장단점을 구분하여 영어 공부를 해나갈 수 있다.

LEVEL ① TIMED 스피킹

목표 제한 시간 1분 15초 ~ 1분 30초

be 동사, 일반 동사, 시제, 수일치, 기초 문법 등 반복적으로 완벽한 문장 만들기를 연습
하여 실전에서 바로 바로 나올 수 있도록 연습한다.

나는 걷고 있다.

_____

나는 영화를 본다.

_____

나는 커피를 좋아한다.

_____

줄리아는 커피를 마셨다.

_____

너는 우동을 좋아한다.

_____

내 친구는 우동을 먹었다.

_____

내 친구들은 스타벅스에서 어제 커피를 마셨다.

_____

너는 커피를 마실 것이다.

_____

내 친구의 여자 친구는 커피를 안 마신다.

_____

내 친구 샐리와 나는 가끔 커피를 마신다.

_____

미스터 김은 햄&치즈 샌드위치를 먹는 중이다.

_____

나는 아프다.

_____

그녀는 선생님이다.

_____

나는 다쳤다.

_____

내 친구의 남동생은 학생이다.

_____

나의 언니는 키가 크다.

_____

너의 입은 정말 크다.

_____

너의 머리카락은 갈색이지만 내 머리카락은 검정색이다.

_____

나는 전화 통화 중이다.

_____

그들은 매일 아침 7시에 음악을 듣는다.

_____

_____

_____

여러분의 문장을 만들고 연습해 보세요.

_____

_____

_____

_____

_____

TIMED 스피킹의 문장을 확인하세요

LEVEL ② TIMED 스피킹

목표 제한 시간 1분 15초 ~ 1분 30초
be 동사, 일반 동사, 시제, 수일치, 기초 문법 등 반복적으로 완벽한 문장 만들기를 연습
하여 실전에서 바로 바로 나올 수 있도록 연습한다.

나 너무 배불러서 디저트는 못 먹을 것 같아.

_____

어제 머리 아파서 하루 종일 누워 있었어.

_____

우리 10분만 앉아 있어도 될까?

_____

주말에 영화 보러 갈까?

_____

나 내일 할 일이 너무 많아서 어디서부터 시작해야 할지 모르겠어.

_____

집에 가는 길에 도넛을 살 거야. 초코 도넛이 너무 먹고 싶어.

_____

난 월요일마다 ABC 봐.

_____

나 이것 좀 도와줄래? 혼자 하려면 너무 오래 걸릴 거야.

_____

너 시간 있을 때 이거 한번 봐 줘. 중요한 거야.

_____

너의 집 앞에 있는 떡볶이 집이 제일 맛있는 거 같아.

_____

우리 점심으로 뭐 먹을까?

_____

너 뭐 먹고 싶은 거 있어?

_____

오늘 벌써 커피 두 잔 마셔서 그냥 차 마실래.

_____

메뉴에 있는 모든 게 다 너무 비싸.

_____

난 아무거나 먹어도 돼. 지금 특별히 먹고 싶은 거 없어.

_____

LEVEL ③ TIMED 스피킹

목표 제한 시간 1분 30초 ~ 1분 45초

be 동사, 일반 동사, 시제, 수일치, 기초 문법 등 반복적으로 완벽한 문장 만들기를 연습
하여 실전에서 바로 바로 나올 수 있도록 연습한다.

그가 만약 너를 좋아한다면 그는 너에게 밸런타인데이를 위해 초콜릿을 줬을
거야.

_____

그것에 대해 너무 많이 생각하지 마. 그냥 머리만 더 아프게 할 거야.

_____

오늘 보스가 나한테 1 시간 동안 잔소리 했어.

_____

야, 뒤에 앉아. 오늘은 내가 앞에 앉을 거야.

_____

오늘 아침까지는 괜찮았었는데 지금 또 열나기 시작하고 있어.

_____

넌 항상 모든 걸 너무 가볍게 생각해. (가볍게 대 해)

_____

줌 인 해 봐. 글씨가 너무 작아서 아무것도 안 보여.

_____

내가 사달라고 한 마스카라 찾을 수 있었어?

이것저것 사오라고 해서 너무 미안하다. (마음이 불편하다)

그것에 대해 걱정 마. 난 상관없어.

다음 주 수요일부터는 시간 많아.

11월 22일은 내가 일을 뺄 수가 없어.

난 ABC에 사람들이 그렇게까지 많을 줄 몰랐어. 쇼크였어.

평일에 가면 그렇게 나쁘진 않아.

몰라. 난 한국에서 ABC 다신 안 가. 한 번이면 충분해.

원어민처럼 말하는
올쏘의
일상 영어
한국인의 영어 습관

펴낸날 초판 1쇄 2021년 12월 17일

지은이 김지은
감 수 강혜진

펴낸이 강진수
편 집 김은숙, 김도연
디자인 임수현

인 쇄 (주)사피엔스컬쳐

펴낸곳 (주)북스고 **출판등록** 제2017-000136호 2017년 11월 23일
주 소 서울시 중구 서소문로 116 유원빌딩 1511호
전 화 (02) 6403-0042 **팩 스** (02) 6499-1053

ⓒ 김지은, 2021

ISBN 979-11-6760-015-8 13740

책 출간을 원하시는 분은 이메일 booksgo@naver.com로 간단한 개요와 취지, 연락처 등을 보내주세요.
Booksgo는 건강하고 행복한 삶을 위한 가치 있는 콘텐츠를 만듭니다.